DINA DOLDA DRIVKRAFTER

Hur tre psykologiska behov styr ditt liv

爲什麼我們這樣想，那樣做？

Angela Ahola

安潔拉·雅赫拉——著　郭騰堅——譯

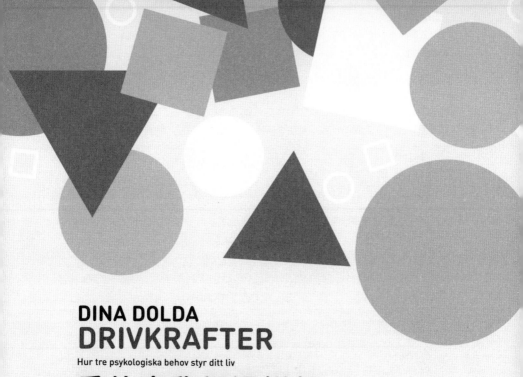

獻給我的子女愛麗西亞·雅赫拉（Alexia Ahola）與安東妮雅·雅赫拉（Antonia Ahola）：

讓這些動機成為你們的超能力！

CONTENTS

推薦序一／穿過迷霧後的陽光普照，美好人生早已在等你——洪培芸 006
推薦序二／為什麼我會這樣想、這樣做？人類行為背後的動機之謎——蘇益賢 010
前言／我們的人生不再是一道謎題 014
全新的時代、相同的人類 018
你為什麼會這麼做？ 034
為什麼這三項動機如此重要——而個人特質又是什麼？ 041

CHAPTER ONE
人際關係
別人做的事，你也會跟著做 065
我們能「有一點」與眾不同嗎？ 081
他人目光造成的影響 089
優質人際關係的意義 096
慷慨與自私的距離 113
TIPS——動機駕馭指南：人際關係篇 125

CHAPTER TWO
地位
無所不在的比較 152
高處不勝寒嗎？ 164

當追求地位的慾望凌駕一切 173
有權勢的朋友就是好朋友嗎？ 181
權力失衡的危險因子 188
TIPS——動機駕馭指南：地位篇 196

CHAPTER THREE

知識

獲取新知的代價 213
當我們越睡越少 220
難以控制的焦慮 225
為什麼現在的你比較沒有同理心？ 235
TIPS——動機駕馭指南：知識篇 254

後記／你要將自己的人生帶往何方？ 262
附錄／關於性格心理學 277
謝辭 283
註釋 286

推薦序一——

穿過迷霧後的陽光普照，美好人生早已在等你

洪培芸／臨床心理師、作家

記得我研究所時期的高等心理病理學課程中，老師問了現場所有學生：「什麼驅策了一個人的行為？」實不相瞞，當年的我思索了許久，找不到一個精確的名詞，來回答老師的問題。

換成是你，你會怎麼回答呢？百思不得其解嗎？讓我告訴你，答案就是「動機」（Motivation）。知道是動機，也只是打開了一扇大門而已。因為，不僅要深入瞭解動機，更要學習駕馭動機。如果無法駕馭，會在人生的許多層面製造出不明所以的麻煩及問題，走向毀滅人生的境地。

穿越層層迷霧，瞭解動機與人格特質

我時常強調，你要去認識自己與生俱來的天性、人格特質及行為反應傾向。因為說穿了，人類本來就不是理性的動物，總是受到情感的驅策，去做出很多自以為不會發生的事。好事也就算了，通常是意想不到的壞事。

是哪些壞事呢？本書作者瑞典心理學博士安潔拉．雅赫拉指出：「人際關係對我們而言至關重要；但這當中自然蘊含各種挑戰。例如，你可以設想下列情境：陷入一段對我們不利的關係而無法自拔、出於對孤獨的恐懼而不敢離開、對他人的依賴導致我們不斷地瞎忙、猜想，同時針對他們的行為說三道四。」

一針見血！許多來找我進行心理治療的個案，但凡涉及親密關係議題，都可以看到他們的內心深處是出於對孤獨的恐懼，而不敢離開讓自己受盡委屈、痛苦不堪的關係。寧願繼續受苦，都好過離開對方。為什麼呢？因為離開，就只剩下自己一個人了，如果離開了他，還找得到下一段感情，還能夠找到另一半嗎？人老珠黃、大齡女子那些你想得到的標籤，都深深扣住她們內心深處的恐懼，也深深束縛著她。

這些潛在的動機正是個案所不明白的。或者，他們其實明白，然而在他們的意識層面卻是無法承認，或無法接納：我怎麼可能會是這樣懦弱的人呢？我怎麼可能會寧願挨罵、甘願被侮辱？其實是因為我更怕孤單，我怕沒人要？所以就形成了永遠離不開，卻又無止盡抱怨及怨懟的惡性循環。

所以，你必須瞭解行為背後真正的推手：你的動機，還有人格特質。而不是社會規範及訴諸理性的表層認知。這本書最大的功用，是幫助你深入瞭解動機的運作。你會發現，動機的層面錯綜複雜到不可思議，而所有的動機都會交互影響，進而譜寫你的人生樂曲。

性格對於全人生的預測及影響力

本書勇敢揭示了性格對於人生發展的命題。性格來自於遺傳，心理學研究的確一再證實，然而它只占據百分之四十九而已。換言之，還有後天的學習，這就是你我從小受教育的意義。還有現在打開這本書的你，持續閱讀下去的深意。

安潔拉．雅赫拉也明白指出，個性並非絕對的，而會依據你的所處環境、所面對不同的人，而展現出性格的不同面向。

這也符合了我長年心理工作所觀察到，所謂的性格特質，它會有不同的衍生及變異，也就是個性是會變化的，絕對不是「牛牽到北京還是牛」。

性格會隨著歲月及生命經驗的洗禮，變得更圓融與更成熟，只要你願意從挫敗中學習，從痛苦中直面自己。不要急著說「我不可能改變」，不再唱衰自己，就是打開內在潛能的開始。

此外，善用自己的性格特質，就能事半功倍，同時你也懂得無須過分勉強自己。如果你帶有共感人（Empath）或高敏感（High Sensitive）的特質，你一定深刻有感，要你頻頻在大眾面前曝光、在公開場合出席、回答來自外界各式各樣的問題，你的精神與體力一定會容易燃燒殆盡；然而，若是讓你待在能夠獨處的環境，與外界保持一段不被打擾的距離，反而能夠讓你運用敏感細膩的心思，進行創作及任何工作，進而發揮更大的效益，帶來更好的成績。

唯有深入瞭解自己的動機，明白內在的性格——尤其是多面向的自己，你才能發揮潛力，進而活出新局。現在的你不再是無能為力的命運受害者，不再渾然不覺地受到動機驅使而不自知，而是能夠開創新局的人生創造者。

穿過迷霧後的陽光普照，美好人生早已在等你。

推薦序二——

為什麼我會這樣想、這樣做？人類行為背後的動機之謎

蘇益賢／臨床心理師、初色心理治療所副所長、臉書粉專「心理師想跟你說」共同創辦人

心理學是一門研究人類心智與行為的科學。這門科學研究的推動，不外乎圍繞著幾個步驟：

- 觀察：心理學家發現一件值得關注的人類現象。
- 描述：以客觀的方式，對這樣的現象進行描述，以利溝通。
- 假設：對這樣的行為「為什麼」會發生，提出一套可能的假設。
- 預測：若此假設為真，便可依此假設來預測人類在特定情況下的行為。
- 控制：若此假設為真，我們還可以透過改變某些因素（好比環境、安排介入）來改變人類的行為。

本書的架構，也與這五步驟呼應：從人類的三大核心欲求——想獲得歸屬感、想爭取地位、想獲得資訊——出發，點出當今社會常見的人類現象（觀察與描述），並透過相關理論的整理（假設），讓我們進一步理解這些行為為何會發生；作者亦提供了一些策略，讓我們在未來想做出改變時，可以參考（預測與控制）。

某種程度來說，本書的立論根據是十分「演化觀點」的。換句話說，作者在試著回答「為什麼人類會這樣做」時，背後有一個很核心的立場是，「在過去，那個我們還是原始人的年代，這些行為有助於我們活下去、增進繁衍的機會，這樣的行為就會被留下來。」

在諮商室裡，演化也常是我與個案進行討論的觀點之一。個案會慢慢發現，大腦的預設值是「希望你活下去」，而不太在意你的幸福。這種有點殘酷，但很務實的論點，能幫助我們重新認識自己的某些行為，並發現為什麼我們倚賴本能行動，很可能會帶來不快樂的結局。不妨來看看幾個例子。下面這幾項例子，都是我們遠古時代養成的本能；但在近代社會卻可能帶來困擾：

- 從眾行為（遠古時代，跟著多數人行動可以幫助我們生存）
- 沉迷手機上的新資訊（大腦對於探索「新事物」本能感到興奮，此可幫助我們拓展資源）

● 社會比較，別人有的我也要有，而且要更好（在遠古時代，這可幫助我們贏得地位，獲得較多繁衍子孫的機會）

● 儲存、囤積的習慣（在遠古時代物資取得困難，囤積較多資源者可能活得比較久）

我們每天的日常，背後其實都有一些原因。本書圍繞的「人際、地位、資訊」這三大核心需求，確實能幫助我們重新理解與認識這些現象。

我很喜歡作者在書中引用娥蘇拉・勒瑰恩（Ursula Le Guin）的一句話：「當你點燃蠟燭時，你也塑造了一道陰影。」

本能與需求便是如此，它們既是幫助人類繁衍與生存的必要手段，但確實也讓生活產生不少困擾。

我們不必「斷絕」這些需求，這並不符合人性。但我們不妨花點時間去「意識」到這些人類的本能和本質，發現它們帶來的反效果。在我們想要改變這些現象之前，對這些現象有所覺察、理解背後的原因，是第一步驟。

閱讀本書時，彷彿重新複習了以前念心理系時，在不同課上學到的眾多知識。透過作者巧妙的彙整，許多零散的知識被重新譜成了新系統。對人類行為感興趣的讀者，相信能從本書彙整的大量科學研究中，重新找到觀看的角度，用不同的方式去看待每天都在日常發生的人類行為。

相信有緣看到這段文字的你，必然是被「好奇」與「資訊渴求」的本能所激發。請別客氣，繼續看下去吧！

前言——

我們的人生不再是一道謎題

我很高興您正在閱讀這本書！我希望您喜歡本書的程度，就如同我寫作這本書時愉悅的程度。

我是安潔拉·雅赫拉，一位心理學博士，目前主要擔任講師，並撰寫與人有關的書籍。我的寫作主題包括我們的行為、動機、人際關係，以及我們該如何提升解讀彼此的能力。

為什麼要寫一本探討「動機」的書呢？

在回答這個問題以前，我想要先簡短地講述許多芬蘭小孩接受過的一項（有點壞的）「測驗」。我的外甥丹特在八個月大時，就曾經接受這個考驗。那時，全家人都到齊，空氣中瀰漫著興奮與期待之情。錄影的鏡頭已經架設好（當時手機的攝影功能還不如現在精良），「測驗」用的物品一項接一項擺了出來：一疊被牢牢捆住的紙鈔、一本聖經，以及一只伏特加酒瓶。或許你已經猜到，這項趣味的小測驗與動機有關——人生的抉擇。

丹特被放開，我們仔細觀察他會爬向三個測試物中的哪一個。令人慶幸的是，他爬到了聖經前面。根據傳說，如果小孩選擇了聖經，代表對知識的追尋將會成為當事人生命中的目標（而不是對錢、權力或酒精）。

在任何年代，瞭解推動自己的動機到底為何，始終讓人入迷。我們為什麼會採取這樣的行動？如果我們瞭解這一點，我們就能更輕易地瞭解自己與彼此、預測往後將要發生的事情，以及知道身邊的人們將會如何反應。對某些人來說，知識是很重要的動力；對另一些人而言，權力與地位才是重點，或許還有人認為人際關係更為重要。事實上，這三項動機都存在於我們每個人心中——只不過，影響我們的幅度各有不同。

我曾經針對「第一印象」背後的心理學進行研究。我們知道，當他人見到你的時候，會不自覺地自問兩個問題：

1你是否和善、熱忱、值得信賴？

2你是否有能力、具備權力與地位？

我們為何有這樣的反應？嗯，這是生存的問題。

你是朋友還是敵人？是威脅，還是希望？

本書的構想，正是由此而生。我在一次暑期度假中，完成了本書的結構：它將會探討**關係**、**地位**與**知識**。那時候，我的母親西雅、我本人，以及我的女兒安東妮雅與愛麗西亞，都在我們位於芬蘭南部的鄉間度假小屋。當時，我的母親與孩子們已經入睡，時間大約是一點鐘左右，我在床邊的筆記簿上畫出本書基本的架構。

當然，過往已有許多作家為文探討「人類的動機」這個主題。有些書籍描述我們該怎麼做才能獲取更優質的人際關係（動機一）、如何增加自己的影響力（動機二），以及如何學習新事物（動機三）、你將不會在本書中讀到這些內容，而是透過本書瞭解到：**為什麼**我們身上具有這些動機，它們如何表達，以及它們如何在你的生活中製造問題。最後，你將會明白如何駕馭這些動機，並將它們轉換為你的超能力。我們將要追根究柢，探討**為什麼**我們的人格特質是如此、**為什麼**我們會做出這些行為。

在我寫下這段開場的文字之前，本書已經醞釀了很長一段時間，也頗有進展。這部手稿已經經過編輯、封面已經設計完畢、封底的文案也已經完成。甚至，我自己的人生也發生不少轉折。我可以相當自信地斷言：只要我們瞭解動機的祕密，人生能活得更有趣也更靈活。我誠摯希望你在讀完本書以後，也能有同感。人類的行為與互動，將不再是一團迷霧。你將能夠更清晰、更深入地瞭解自己與他人。

安潔拉・雅赫拉

二〇二〇年二月二日，寫於斯德哥爾摩

全新的時代、相同的人類

你有時是否會思索，人們為什麼會做出他們所做的事情？或許你更常思索：你自己為什麼會做出你所做的事情？

為什麼你經常做出錯誤的時間規劃、設定自己會放棄的目標，甚至在自己其實可以自由選擇時，選出比較糟糕的方案呢？為什麼你不更努力投入會讓自己感到快樂的事物，為你的人生帶來方向感呢？

至於人際關係：你是否已察覺到，相同的主題經常導致人際間的衝突？有些人與你一拍即合，你們能夠達成良好的共識；但你和其他人則根本無法溝通，或是在某些關係中或許付出太多，以致於心力交瘁。

我們選擇和哪些人交流時，究竟是什麼因素影響我們的抉擇？我們為什麼持續拿自己與鄰居、同事或親人做比較，為什麼對自己的落居下風感到憤恨——無論牽涉到誰在大

> **為什麼你經常做出錯誤的時間規劃、設定自己會放棄的目標，甚至在自己其實可以自由選擇時，選出比較糟糕的方案呢？**

學入學考試拿最高分、誰的二頭肌最壯，或誰家小孩最聰明？我們一方面想要找到共同點、追求彼此之間的同質性——但另一方面，我們又不喜歡發現自己在派對上，跟別人穿著一模一樣的禮服。事實上，我們常停留在對自己不利的關係中，更別提婚姻危機經常出現在我們所賺的錢突然比伴侶所賺的還多時。

所以，究竟是哪些因素在操縱這一切？

人類行為的運作，經常是不理性的。我們的情緒——充滿高低起伏——可能是深奧、難以理解的，我們涉及的所有人際關係，也就不在話下了。假如這些關係本質是簡單的，比例相當可觀的婚姻就不會以離婚收場，而每一個工作單位其實都存在衝突，我們就是無法與所有人相處融洽，而且經常難以瞭解彼此。

當然，人與人之間的挑戰始終存在，但由於我們的環境已經在許多方面發生變化，我們正與人類往昔歷史上不曾存在的一連串新問題共處。時代已然改變，但人類卻不曾改變。長年以來，人類的運作模式始終如一。某些研究人員宣稱，人類以同一方式運作的時間已超越二十萬年。

人類的兩個目標

我們確切知道的一點是，我們出生時，都至少帶著兩個目標。其中一個是生存，另一個則是繁衍。假如我們不致力於生存，也不努力繁衍後代，做為一個物種，人類早已不復存在。

你在清醒的時辰中，或許不曾特別費心思考自己該如何存活下去；你我隨機地與人建立聯繫時，目的都不是為了要交配；我們也不會尋求保護、貯存大量糧食與飲品、艱難地撐過每一天，而目的就只是為了活命。這樣是毫無生產力的。

但當你擔心開會遲到，或穿著不恰當的服裝參加派對時，我們的大腦其實正在聚精會神地思考著該如何生存。它所想到的是：要是我被排除在外，該怎麼辦？對早期的人類來說，被社會排除在外的風險是重大的威脅。當最迫切的危險——飢餓、酷寒、猛獸——都不在人們視線內時，他們就開始解讀自己身處的環境：這裡有沒有別的威脅？我們當然知道，穿著不恰當的服裝赴宴或開會遲到，並不會真正威脅到自身的生存。然而，這被我們的大腦「解讀成」對生存的威脅，無論是過去還是現在，同樣的機制一直在作用。

總之，一些無形、源自於人性的力量在塑造我們的想法、行為與舉動。我們對塑造人類行為的因素獲取理解得越澈底，我們的生活就變得越簡單，也能與其他人建立更良好的關係，甚至還能改善與自己的關係。

第一印象

我在從事演講工作時，經常談到人們對彼此的「第一印象」。我指的是，不管見面目的為何，兩個人首次見面時，究竟會發生哪些事情。見面場合可能是銷售會議、醫師與患者之間的談話、老師與學生的會面，或者是顧問與客戶的諮詢。這時，我們心中會不自覺地浮現某些與對方有關的問題。我們若順利在會面時傳達正確的印象，這段關係就有進一步發展的機會。若未能做到這一點，這段關係將面臨艱難的上坡路，原因在於第一印象通常是很關鍵的。

這些會面中所發生的事絕非隨機；反之，它遵循既定的模式。首先，第一印象很快就形成，而且難以改變。此外，我們更傾向於對彼此抱持懷疑態度，而非心存善意。這一點被稱為「煙霧警報器原理」（Smoke Detector Principle）。人類一旦起疑、認為有些事情不太對勁，內心就會發出警報。我們會迅速發現他人的缺點而非優點，原因在於這有助於我們的生存。此外，我們也很不容易改變對彼此的印象。這被稱為「確認偏誤」（Confirmation Bias）；它是存在於人類行為中的一種傾向，表現在不自覺、選擇性關注並證實我們自己既有認知的資訊。

在所有的邂逅中，我們心中都會浮現關於彼此的某些問題。關於彼此，我們首先想知道的是，「我能信任你嗎？」、「你是否善良，且心懷正念？」除此之外，我們還想探知：「你的社會地位與能力如何？」

所以，我們最先想要知道的是對方的「意圖」，此人是善是惡，是友還是敵？這一點最重要。接下來是能力，此人有哪些能力，足以實現你良善或邪惡的意圖？我們可以用一連串方式彰顯這些特質，例如肢體語言、衣著、臉部表情、聲音，以及包括社群媒體與電子郵件在內的數位方式。

這些問題的根本，在於人類原始的動機：對安適的人際關係、新知識與地位的追求。本書所探究的，正是這三項動機。

動機一：人際關係

本書要談的第一項動機，在於人類對人際互動與建立關係的需求。是啊！如果沒有這項需求才奇怪呢，不是嗎？我們也許會不假思索地認定，這是理所當然的，但是實情絕對沒有那麼簡單。地表有許多物種，並不需要過著群居生活。但人類對他人的行為、情感與面部表情非常感興趣，程度幾近誇張。再重申一次：我們對於誰做了些什麼，以及和哪些人做了這些事情感到好奇。對人類來說，這些資訊很重要。誰能信任？誰在騙人？哪些人認識彼此？

活躍的社交能帶來活力。我們覺得，某些人真的很棒——他們慷慨、樂於幫忙，且全神貫注地聆聽；某些人相當自我中心、不值得信任，甚至利用每一個機會毀謗、欺騙我們。你從來不會想要請某些人代替你照顧小孩；相反地，你則會樂於將自己與子女的生命託付給某些人，對他們委以重任。

當然，我們的神經化學牽涉其中。我們體內有一種名叫「催產素」（Oxytocin）的荷爾蒙，它有時被稱為哺乳荷爾蒙，或平靜荷爾蒙。當我們和人交流或擁抱時，體內的催產素濃度會升高。研究甚至顯示，當某人體內的催產素濃度升高時，他或她的行為會更體貼、也更慷慨[1]。

事實是，你只要向某人稍微表達出信任，其體內的催產素濃度就會提高。同時，某些行為或遣詞用字則會降低對方體內的催產素濃度。換言之，我們的行為會影響其他人體內的催產素濃度，進而影響我們的人際關係。

從今日的現況來看，我們的生活方式中存在一系列降低體內催產素濃度，進而傷害人際關係的因素。壓力正是其中之一，其他因素包括缺少信任與同理心。幸運的是，只要知道原因，就能夠因應這些挑戰。這些珍貴的資訊，在任何工作場所與所有家庭之中都不可或缺。

人際關係對我們而言至關重要，但這當中自然蘊含各種挑戰。例如，你可以設想下列情境：陷入一段對我們不利的關係而無法自拔、出於對孤獨的恐懼而不敢離開、對他人的依賴導致我們不斷地瞎忙、猜想，同時針對他人的行為說三道四。

他人的出現，會影響我們的工作節奏與表現。有他人在場時，我們甚至喝酒喝得更多更快。我們幫孩子取什麼名字、聽哪一種音樂、哪幾首歌曲會列入播放清單、買哪些衣服，以及工作的認真程度，都受到他人影響。我們的選擇也受到他人的選擇影響，但受影響的方式可能與你現在所猜的不同。有時我們努力追求與他人的共同點；然而，我們經常（同時）致力競逐與他人的共同點及相異點。

動機二：地位

我們熱愛閱讀關於顯赫、成功人士的故事，例如國內最有成就的家族如何建立商業帝國。報刊所寫的主要內容從各方面來看，都是關於其他人的資訊——也就是八卦。主角可能是體育明星、皇室成員與電視影劇名人。哪些人已經離婚、哪些人正在離婚、誰有酗酒的問題、誰把自己的萬貫家財賭掉、哪些人偷吃，「小三」又是誰？八卦新聞的銷路很好，媒體界深知這一點。

假如人們不在乎自己的地位，那些指導我們如何增加影響力的書籍就不會存在。雖然「我想獲得更高的地位」這句話聽來相當刺耳，這仍是一項很原始的動機。請設想一下：要是我們陷入完全相反的處境，會是什麼光景？沒有了影響力，我們的聲音就不會被聽見。我們將無法得到夢寐以求的工作；不管是在職場、朋友圈還是家中的晚餐桌前，都沒人會聽我們說話。

當我們獲得地位時，體內的睪固酮（Testosterone）與血清素（Serotonin）濃度會提高。獲得更高的地位時，我們會感到振奮、自我感覺會更良好。我們力爭上游，而且沿途蒐集象徵地位的符號。不過，這些符號或許和你直覺想到的不太一樣。這不僅止於昂貴的手提包、汽車與勞力士金錶。任何你個人、你所屬的活動群體相關的任何事物，都可能成為象徵地位的符號。對某人而言，成功的最有力證據就是出版一本書；對另一人來說，成功的象徵可能是強壯的體魄，以及完成鐵人三項運動；還有人則對自己的大學入學考試總分感到驕傲，並將擔任社區管委會主委視為一種成就。

對地位的競逐，導致我們將自己與別人進行比較。實際上，我們也不願意這麼做。誰家的房子最豪華？誰的度假行程最奢侈？誰家小孩最聰明？當然，從第一眼看去，這些比較是毫無意義且惹人厭的，但知曉自己在階級體系中的位置，滿足了演化的機能。也就是說，這減少了傷害與衝突。每次我所屬的團體成功捕捉到獵物時，我就不必與每個團體成員爭搶食物，甚至爆發（可能危及生命安全的）衝突。假如我在團體中排第三順位，我就知道：老大與老二有權先吃。我們也不會因為一片遮陽的樹蔭爭奪地盤，因為大家都知道誰享有優先權。

對個人來說，階級制度是有好處的，它對群體也是有好處的，「我」和「我們」都變得更強大——且能存活下來。階級營造出秩序與穩定性，使合作變得更容易。擅於將自己與他人做比較者，能夠存活下來——我們知道幾時輪到自己享受，以及遇到誰就該退讓。我們對地位的需求，就像對食物與性的索求一樣自然。

不幸的是，追求地位是有缺點的。我們已經提到過其中一項缺點——它驅使我們將自己與他人進行比較。第二個缺點是，我們會不惜砸下重本，爭取和顯赫的大人物結盟。很遺憾地，我們看到別人獲得成功時會感到心情較惡劣（因為這讓我們感到自己的成就更渺小）。我們經常扭曲真相，使自己表面上看起來比實際更有成就。在配偶關係中，我們也會（無意識的）互相比較，這甚至會影響出軌的風險。對地位的追求導致我們過度工作、忽視重要的關係，並以一種未能讓我們感到更快樂的方式分配時間。

地位是充滿意義的。天擇的過程，已經將人類發展成一種對地位感興趣的生物。我們的神經化學已經取得主導權，使我們在意自己的地位。當我們進展順利、獲得更多影響力時，我們的神經化學就會藉由這種正面的感覺操縱我們；當我們諸事不順，或者發現別人過得比自己好得多時，神經化學就通過負面情緒影響我們。

動機三：知識

驅策我們的第三股力量，在於我們的好奇心與對知識的渴望。人類屬於會搜尋知識的物種，根據十七世紀哲學家托馬斯．霍布斯（Thomas Hobbes）的說法，人類需要理解「為什麼」。

隨著人類對周遭環境的理解越深，我們的生存機會也越高。我們學習並理解如何生火，瞭解天候的變化如何影響某些物種，以及該如何以最省力的辦法捕捉野獸。

我們那擁有知識的祖先們，占有存活機率的優勢。「我們越瞭解自己身處的世界，生存的機會就越大」，因為演化進程賦予我們尋找新知的本能。當我們順利取得新知時，大腦內的獎勵中心會被啟動且分泌多巴胺。我們蒐集資訊的模式，與其他哺乳類動物採集食物與飲水的模式雷同。事實在於，「取得某種新知識的感覺」可以和美味的一餐、甘醇的美酒或美好的性愛相比較。我們喜歡事實，熱愛學習新的事物。

總之，好奇心幫助我們理解自己身處的世界、應對我們所在的空間，並且適應環境——追根究柢，一切都是為了生存。此外，對其他人的興趣也有助於社交結構的營造與延續（嗯，又回到動機了）。

然而，這方面也存在一個缺點：好奇心本質上是更躁動不安的。它驅使我們探究新的概念、獲得刺激、避免無趣與沉悶，也會讓我們不斷查看電子信箱及他人在社群網站上發布的內容。我們當下所面臨的其中一項挑戰，就是如何因應這種躁動與不安。從演化學的角度來說，我們的這種行為並不特別瘋狂。相反地，這種行為是增加我們生存機會所應採取的。潛在的困難在於，我們正活在一個資訊量爆炸的環境。過去，我們對新資訊的需求能帶給我們收穫，但一時之間，它卻已經轉向過度。

結果是，時至今日，我們大家都心不在焉。我們持續盯著不同類型的螢幕，而這影響我們的認知能力、降低了我們在學校與職場的表現、減少人與人之間的同理心，且破壞我們的人際關係。我們難以判讀哪些事情是真的不可或缺，哪些事情又在某種程度上毫無意義，只會竊取我們的注意力。各項研究顯示，要是在十分鐘內沒機會「查看一下」手機，人們就會變得更焦慮[2]（我們大家彷彿都對自己的手機有著抽動綜合症般的依賴關係，這一點，你知道的）。

我們蒐集資訊的行為是強而有力的。當有人企圖阻止時，會誘發焦慮感，甚至幾近於強迫症。在此必須明確指出的是，這無法協助我們達成更遠大的人生目標，更不會協助我們建立更優質的關係，也不會提高我們的生活品質。

短暫的飽足感

我們對需求的滿足行為像是易腐壞的食材，必須持續「補貨」。例如，在與他人社交之後一段時間，我們會感到「飽足」。但不久以後，我們再度感到這個需求偷偷溜了回來。古希臘哲學家亞里斯多德談論過「中庸之道」（Moderate Mean），或是所謂的「設定值」（Set Point）。關鍵在於，一旦論及人格特質與需求，我們大家都有一道「恰到好處」的界限。恰到好處的地位、恰如其分的人際關係、分量適中的知識，依此類推。而「恰到好處」的實質定義，完全是因人而異的。

且讓我具體描述一下：麥可追求的社交接觸比愛娃的更多。當社交總量低於愛娃和麥可兩人實際上所想要的程度時，兩人都有動機與其他人進行交際；當社交總量恰巧吻合兩人所想要的程度時，他們會暫時感到滿意——也就是「飽足」。當社交量超出這個界限時，他們會很想抽離，暫時與自己獨處。請設想一場派對的情景。經過兩小時的飲宴與社交，愛娃已感到滿足。此時，她對他人的承受度就達到上限，準備回家；而另一方面，派對在凌晨三點正式告終，麥可都還意猶未盡。這時，他會開始想要「續攤」。

來看另一個例子吧：報復心強烈的人，會受到競爭、衝突、好戰心理與侵略所刺激。一個報復心理強烈的人在平靜、無衝突的狀態下過了幾天以後，就會開始感覺到「製造新衝突」的需求悄然而生，時間拖得越長，和他人吵架、鬥爭的需求就越頑強。同理，在一場激烈衝突不斷升溫，並超過人們預期的界限，或當事人真正出手攻擊他人以後，他就會開始轉向尋求和解的行為。這是為了平衡局勢、希望能將需求維持在亞里斯多德式的平均值之上——也就是對當事人而言「恰到好處」的水準[3]。

學習如何變得更有效率、讓心情更好

對關係、地位與知識的競逐，是我們人生的基石。長達數百萬年的演化過程錘鍊出這三大動機，協助人類得以生存下去。

我們當中的絕大多數人，生活條件均優於自己的父祖輩。但我們還是大有理由捫心自問：「為什麼我們過得這麼好，心情還是這麼惡劣？」其中一個答案是：「人類必須持續找尋新方法與新工具，才能達到最佳的運作模式。」原因是，世界已經改變，而人類還是以同樣的方式運作。「我們的動機」是我們生而為人的一部分，也代表我們的人格特質。「動機」操縱我們的需求、反應與行動，但我們卻鮮少想到它們。

我們根據自己的動機進行消費。

衝突源自於我們的動機。

我們根據動機求職並獲得聘任。

我們思緒的起點，在於動機。

由於動機，我們與異性約會。

我們根據自己的動機做決定。

我們根據自己的動機分配時間。

還有，我們的關係也受到動機所影響。

我們依據自己的個性，以不同方式滿足需求，但如果對背後影響我們行為的推手毫無自覺，我們就會依據過往的模式持續運作下去。我們將一如往常地狂奔、被同樣的問題絆倒、掉進同樣的陷阱裡，而且一而再、再而三重蹈覆轍。

我們必須先洞悉驅策我們的力量，才能駕馭全局。就像頂級聯賽的足球員一樣，你必須誠實地正視自己的優點與缺點，才能自我提升。你必須管理那些推動你的因素——無論是強項或弱項皆然。直到那時，這些動機方能成為你的超能力。

是的，生而為人，經常不是那麼容易。學會以最完善的方式與自己相處（以及處理自己的人際關係），經常充滿挑戰。但是，且讓我們伸展一下筋骨、拍拍自己的肩膀，告訴自己：「以史前的裝備應付現代世界的生活，真是非常不容易。」而不是一如往常地自我批評。或許你已經駕輕就熟，但在讀過本書之後，你會做得更好。而且，你將能夠以嶄新的觀點審視自己，以及周邊親近的人。

你將學會瞭解：動機在某些特定場合如何助你一臂之力，但在其他情境下則使你犯錯。但你不必然要讓動機操縱人生，你可以自己作主。你將藉由本書獲得一系列指南，能更深入瞭解為什麼你和其他人會如此行事，進而在日常生活中理出頭緒、做出更正確的決策、發展更優質的關係。

切記，本書並非探討你「應該怎麼做」，而是你和我的本質為何。同時也還會探討：就算動機對我們確實有影響，我們要如何成為更好、更快樂的人。

在進一步深入探究這三項動機以前，先來看看你我單一行為的背後究竟隱藏哪些因素？是什麼力量導致我們做出我們所做的事？我們也會講解由學者史蒂芬．瑞斯（Steven Reiss）所提出，並構成本書三項動機一部分理論基礎的模型。

此外，也會探討「性格」是什麼？和動機之間又有哪些關聯？

你為什麼會這麼做？

假設你剛做了一件充滿善意、深具同理心的事。你為什麼這麼做？更全面的問題是：我們為什麼做出自己所做的事？

美國心理學家約翰．華生（John Watson）開創了「行為主義」（Behaviorism）。他認為，人類的行為完全是可以塑造的。在適當的環境下，我們的行為可以被塑造成任何一種型態。根據華生的說法，我們可以隨機挑出十個小嬰孩，完全根據我們的意願與期望，塑造其行為。

在二十世紀中葉，這種視角主導了（美國的）心理學界；換言之，人們完全相信，甚至熱切地著迷於環境影響力的意義。於此同時，人們選擇忽視其他的解釋。

時至今日，我和其他許多人深信，如果藉由數個不同的觀點來探究我們的行為，將能得到最真切的結論。原因在於促成某項行為的原因有好幾種，而且能以多種不同方法解釋。

美國作家羅伯特・M・薩波斯基（Robert M. Sapolsky）在其著作《行為：暴力、競爭、利他，人類行為背後的生物學》（*Behave: The biology of humans at our best and worst*）當中寫到：「我們能在神經生物學內找到第一類解釋。在行為發生的前一秒鐘，當事人腦中發生了什麼？」[4]

現在讓我們將焦距放遠，來看看另一個類型，亦即探討更早之前所發生事情的解釋。哪一種感官印象——視覺、聽覺或觸覺印象——促使神經系統讓當事人採取該行為呢？

我們在荷爾蒙當中，發現另外一類詮釋。現在我們在事件發生的時間序列上，處於事發數小時或數日以前。是什麼因素讓這個人受到這些感官印象影響，使它們有機會塑造他的行為？

而解釋也絕對不僅止於此，具備影響力的，並不只有這些因素。能解釋你我為什麼如此行動的，也並不只有這些模型。我們可以回到更久以前，回到我們環境中的細節——這些細節在過去數星期與數年當中，形塑了我們的大腦，進而改變了我們回應各種激素與環境中不同刺激源的方式。

我們可以一路延伸下去，回到你我的童年時期。我們甚至可以將時間軸再拉長——回到我們仍在母親子宮內游動的生活。或者回到我們獨一無二的基因序列。

是啊，我們何不這麼做呢？我們既然已經開始探索的歷程，當然可以針對那些比個人還要顯著的因素進行思考。我們的文化如何塑造我們的行為？造就我們現有文化的，又是哪些因素呢？而它是以何種方式，影響某一種行為的發展呢？

現在，這個話題變得太廣了。單一行為背後隱藏所有不同層級的解釋，這究竟令人感到困惑，還是解脫？

神經化學就是詮釋模型

人類是相當複雜的生物。即使如此，我們周遭大多數現象仍然可以獲得解釋；行為是可以被解釋的。我們的動機是可以被解釋的。這當中存在可預測性。

但是，我們不應該以單一方式解釋所有行為——無論是荷爾蒙、童年時期或基因。相反地，我們拓展自己的視角，包含一系列不同領域的內容。沒有任何學科是能夠完全單獨存在的，每一種詮釋模型都是其他模型的一部分，是前一種模型衍生而出的結果，也將影響未來出現的模型。總之，我們不應認定某項行為是單一基因、單一荷爾蒙或童年期單一創傷經驗的結果。行為是相當複雜的現象，我們需要擴大思考的範圍。

現在，讓我們進一步細究這些引發我們行為的詮釋模型，也就是神經化學。

舉個例子，你有時自我感覺良好，有時心情很惡劣。其他絕大部分時間裡，你的情緒會在這兩個極端間擺盪，可能會想著：「真麻煩，我有時竟無法指出自己為什麼感覺不好。」有時，就是無法明確辨識出某個顯著的理由。

所以，影響心情與感受的是哪些因素呢？神經化學在此有著重大的意義。雖然男性與女性之間存在某些與荷爾蒙有關的差異，人類的神經化學本質上是相同的。同時，不同的因素會影響這些化學物質的濃度。基因在此扮演的角色當然很重要，但我們在特定時間點所身處的情境也具有關鍵性。

信號物質與荷爾蒙

當我們感覺良好時，大腦分泌各種讓我們心情良好的神經化學物質。它們起源於哺乳類動物歷史的初期，起源於人生遠比現代更艱難的時期——當時的我們一生都要經歷一連串攸關生死的情境，構成我們情感生活的背景。我們體內神經化學物質發展的目的只有一個，就是增加存活的機會。

必須強調的一點是，直到我們做出能夠增加生存機會的事情，大腦才會分泌這些物質。這些事情包括獲取食物、安全或（社會）協助。身體會告訴我們：「嘿，聽著，這個對你有幫助。趕快努力多弄一點過來。」不過，幾個簡短、稍縱即逝、充滿陶醉感的快樂時光就夠了。我們必須努力獲得下一個充滿刺激的時刻。

要是這些創造幸福感的神經化學物質持續不斷地分泌，我們就會懶散、被動且自滿地躺在一棵樹下，苟且度日。體內這些神經化學物質濃度居高不下，我們就會安於無所事事，不覓食、不提高警覺防備猛獸，甚至沒有求偶的動力。總之，我們將無法存活，也無法將自己的基因傳給下一代。我們的物種將會滅絕。

這些神經化學物質駕馭我們的行動，將我們帶往具有生產力的方向——我們在其分泌時感覺良好。當它們不分泌時，我們的心情就不那麼好。也許對「個體」來說，它們並不見得帶來最具生產力的行為，但卻能造就有利於「物種」的行為。當我們這些物質的用量已經足夠，且代謝並分解後（換言之，其效果已經用盡），我們將感到某些事情不太對勁。如果要獲得更多，我們就必須做得更多。

大腦結構的分工

人類擁有兩個主要的腦系統：「大腦邊緣系統」與「腦皮質」。我們的額葉位於腦皮質之中，管理行動與一致性之間的關係。它也會判定事情的對與錯。也許大腦中的這個位置可以被稱為「評分中心」，主導我們的理性思考。

額葉使我們能夠推算出事情的結果與未來可能發生的不同劇情：如果我做了X，Y就會發生。我們藉此從經驗中學習，而非一味依賴自動化的反應與衝動。但真正駕馭神經化學物質的，是我們的大腦邊緣系統，而非腦皮質。它們本質上是自動化的，其任務在於增加我們存活的機會。腦皮質能向大腦邊緣系統提供資訊，使其能夠做出較佳的決定；但我們的神經化學物質仍然由大腦邊緣系統所控制。

> 這些神經化學物質駕馭我們的行動，將其帶往具有生產力的方向——我們在其分泌時感覺良好。當它們不分泌時，我們的心情就不那麼好。

杏仁核是邊緣系統中重要的一部分，它擁有一道警報系統，能夠針對危險向大腦其他部分發出警示。再者，杏仁核與我們最惡劣的行為有著強烈的關聯。

值得一提的是，邊緣系統分泌四種讓我們感受良好的神經化學物質：催產素、血清素、多巴胺與內啡肽；同時它也分泌皮質醇（一種使我們情緒感到惡劣的神經化學物質）。當我們體驗到害怕、悲傷、憤怒時，皮質醇就會被分泌，針對威脅警告我們。

人體神經化學機制的運作方式，仍然符合舊學院派對生存的理解——數百萬年來，這項特質使哺乳類動物得以存活下來。

我們的三項動機與人體內的神經化學物質密切相關。

為什麼這三項動機如此重要——而個人特質又是什麼？

在開始探討動機以前，我們將更仔細地檢視由學者史蒂芬・瑞斯提出的模型，本書三項動機的基礎便是建立在這個模型基礎上。我們也會探討個人特質究竟是什麼，以及它們與動機之間的關聯性。

十六項原始動機

數個世紀以來，隱藏在人類行為背後的原因，始終讓我們既困惑又著迷。我們將目光投向過去，便能瞭解學者在歷史上如何看待人類的動機。

古希臘人將需求區分為身體的、感官的與靈魂的需求。西格蒙德・佛洛伊德（Sigmund Freud）將人性的這些需求減至性與侵略的本能。與佛洛伊德和榮格同時期的阿爾弗雷德・阿德勒（Alfred Adler）將對權力與自我肯定的追求，視為人類最重要的需求。心理學家愛德華・桑代克（Edward Thorndike）提出的「效果律」（Law of Effect）將人類的需求區分為兩類：獎勵與懲罰[5]。根據這種論點，獲取獎勵的一切都應該得到強化、導致懲罰的一切則都應該被削弱。他將獎勵定義為「強化行為」的事物。他甚至說過：「能夠強化行為的一切都是獎勵。」這就構成了一種環狀論述。

心理學家克拉克・赫爾（Clark Hull）於一九四三年認定，人類共有「飢、渴、性慾」與「避免痛苦」等四種動機。這些早期理論當中，有許多以動物實驗為基礎。實驗人員經常使用食物做為獎勵品，這對動物與人類來說當然都是強而有力的促動因素。學者羅伯特・懷特（Robert White）在一九五九年提出一組模型，該模型包含能力，以及他稱為「統治力」的特質。就連孩童都有著「感受自己具備能力」、「駕馭自己身處環境」的需求——這是兒童成長歷程中重要的需求，更是適用於全人類的重要需求。

亞伯拉罕・馬斯洛（Abraham Maslow）則認為：人類乃是根據「需求階梯」成長的。當對食物、安全等最基本的需求獲得滿足時，我們會轉而追求愛情、社會地位、認可，最終達成自我實現。

現在，讓我們談談（很可能是）目前關於人類動機最先進、規模最大的調查。學者史蒂芬・瑞斯經過多年研究，推演出「十六項原始需求理論」（Theory of 16 Basic Desires）[6]。瑞斯的理論基礎建立在對兩千五百五十四名受測者進行的研究成果，參與研究者的年齡介於十二歲到七十六歲之間，有著不同的職業與背景。

根據瑞斯的說法，大家都承載著這十六項原始動機，但它們在每個人身上發揮的影響力各有不同。

某些人高度渴求知識、其他人追求地位，還有一些人的社交需求異常地強烈。對某些人來說，親密感非常重要，其他人的本性則不那麼偏好肢體接觸。對每一件「不義之舉」睚眥必報的需求可能會緊跟著某人一輩子；而其他人的個性可能比較溫和。那些對你而言最重要的動機，會將你塑造成一個獨特的人。

該書根據下列模式，對這十六項動機進行了編組：

關係

關係對我們的生存至關重要，我們必須投入大量心力，才能讓關係運作完善。瑞斯提出的動機之中，有六項可以連結到人性中與社交有關的部分：

- 社會聯繫（Social contact）：對友誼、群體與親近他人的需求。

- 愛情（Romance）：瑞斯在此處所指涉的，是對性的需求。
- 家庭（Family）：對養育後代的需求。
- 接納（Acceptance）：對歸屬與被接納的需求。
- 榮譽（Honour）：對依循傳統道德規範、忠誠、維繫良好名聲、守護優良風俗與堅守原則的需求。
- 理想主義（Idealism）：對改善社會、社會正義、利他主義、同情心、正義感與維護公平競爭的需求。

地位

一系列的動機，可以與地位產生連結：

- 地位（Status）：對高度社會階級、地位的需求。
- 權力（Power）：對號召力、影響力、掌握技能、追求表現與領導權的需求。
- 獨立（Independence）：對自決、自由與獨立的需求。
- 報仇（Vengeance）：憤怒、恨意、懲處，以及對復仇的需求。

知識

- 好奇心（Curiosity）：對新知識、追求解決問題之道或「真理」的需求（例如學習能在哪些地方找到食物，以及該如何盡可能避免遇上猛獸——這些在過去都有助於人類存活）。

另外五種動機

- 體能活動（Physical activity）：感覺到自己充滿生命力（強壯的動物能存活下來，而力量對人類也是有幫助的）。
- 進食（Eating）：攝取食物的需求。
- 儲蓄（Saving）：對蒐集糧食與其他物品、感覺到自己擁有某些物品的需求——正是因為如此，我們才會蒐集物品，而且有節約傾向。
- 秩序（Order）：對組織、結構、規則與保持清潔習慣的需求，被視為有利健康。它們營造出安全感與穩定性。
- 寧靜（Tranquility）：對平靜、安適、安全感、情感保持寧靜的需求——這意謂著避免恐懼、不安與焦慮。

這五項動機當然也會引導我們的行為，但它們的本質是不一樣的。如果我們將儲蓄的需求視為與食物有關，並將對秩序的需求連結到健康，這五項動機最主要與身體有關（其他動機則連結到人際關係、地位與知識，這是差別所在）。

根據瑞斯的說法，這十六項動機中的十四項具有基因成分，在我們與許多動物身上，都能找到這些動機。只有接納與理想主義似乎並非「與生俱來」的動機。

將性格分門別類：五大性格特質

現在，我們來簡短地談談性格。在某種程度上，它是一輩子固定不變的嗎？脈絡、人生階段與我們當下周邊的人們是否會操控我們的個性？

你在進入一個新情境時，會有何反應？面對問題，你如何因應？據說，這能充分顯示你的性格。有些人對新事物、新環境感到非常自在，甚至會主動追尋；有些人進入一個新情境時則感到壓力、選擇自我封閉[7]。

我們在心理學界探討「五大性格特質」（Big Five personality traits）[8]。這是在形容某人的性格時最常使用的模型。藉由觀察數以千計受測者的各項研究，我們具體列出五種（我們身上或多或少都有的）範圍廣泛的特質或類型：

- 外向性
- 對經驗的開放性
- 親和力
- 責任心
- 情緒不穩定性

其他的特質均被視為這五大特質的變異或衍生（您可在本書附件中讀到針對這五大特質更入微的描述，以及不同人格背後所隱藏的心理學）。

但是，性格特質究竟從何而來？

1 我們會適應自己身處的環境，以及該環境中人們的行動模式。所以，性格與周遭形勢都會影響我們的為人處事[9]。

2 我們具備某些基本先決條件。我們的性格特質當中，有百分之五十是受DNA所主導的。以性格特質為出發點，身處於某些環境、從事某些活動、和某些人相處時會更開心——在這些情境下，得以表現出自己最好的一面。然而這並不意謂著一個生性外向的人完全不需要獨處，也不代表一個喜歡體驗新事物的人不會珍惜常規與舊的事物。

我們怎麼知道，你我有百分之五十的性格特質受到DNA主導？

一群研究人員在五十年當中對四百五十五萬八千九百零三對雙胞胎（！）進行研究，而後對研究結果進行綜合分析[10]（這是對一系列研究的彙整型分析，因此分量相當重），研究的基礎相當廣泛，這一點無須贅言。他們所提出的問題是：我們的特質——我們的個性——是藉由遺傳所獲得的嗎？得到的答案是肯定的。我們從父母身上傳承了性格特質當中的百分之四十九。

不同的理論在不同的程度上，將個性視為遺傳、環境與當前所處脈絡協作以後所產生的結果[11]，它是學習與經驗導致的結果。當我們使用「個性」一詞時，我們經常指涉的是：某人的行為似乎具有某種可預測性。我認為一個人出生時就已經具備基本的性格。接著，當事人的成長歷程與現實環境對個性的影響，可用介於一分與十分之間的量尺來表達。一分顯示其性格後天發展的條件不良；假如這些後天條件趨於完善，則對個性的影響應能達到十分。

性格與人生的關係

另一項標題為〈性格的力量〉（The Power of Personality）的綜合分析顯示：在不同類型的人生事件當中，我們的性格很大程度上影響我們人生的走向。研究人員在這項分析中探究性格如何能夠預測某人是否會離婚、是否會在職場上功成名就，以及其健康狀態與壽命。簡言之：成就、愛情與健康[12]。

有趣的一點在於：我們的性格以三種不同的方式影響我們的成就。在此先以愛情關係為例：

1 首先，性格會影響我們所體驗的事物，以及對發生在自己身上的事情做出的反應。

2 其次，性格會影響我們對伴侶行為的反應。情緒不穩定的人對伴侶毫無惡意的批評，會做出過度反應。要是伴侶回覆簡訊的速度不夠快，他們也會深信自己已經失去伴侶的關愛。要是其伴侶在派對上與他人調情，這類人可能會一口咬定伴侶已經出軌。簡言之，某些性格特質會增加離婚的風險。

3 最後，性格會誘發行為，這些行為會影響我們的伴侶，而這都會影響情感關係的品質。一個情緒不穩定，甚至不友善的人，更可能做出損害情感關係的舉動：批評、表現出輕蔑，或展現出被動攻擊型行為[13]。因此，這類人在日常生活的人際關係中很可能頻繁捲入衝突[14]。一個不友善的人可能被認定為喜歡搧風點火、讓衝突陷入更惡劣的狀態[15]。我們以同樣的方式，從反方向探討：和不友善的人相比，友善且具同理心的人，或許更擅長於在衝突當中調節自己的情緒[16]。這些當然能緩解衝突，使和解能夠更快發生。同時，友善且具責任心的人傾向於保持較長期的關係，也較少離婚[17]。

情緒不穩定性是一項與對感情關係不滿有著最強烈、最持久關聯性的性格特質。不僅如此，這項特質還能連結到衝突、虐待，最終導致感情關係的瓦解[18]。影響我們感情關係品質的，也是情緒的不穩定性——這適用於我們談論的任何一種關係，它將導致類似的問題，在不同的伴侶身上重演，在人生中一而再、再而三地發生[19]。

那職場成就呢？個性也會影響職場上的成就——它決定我們是否會長期失業、是否將扮演領導者的角色、將從事哪一種工作，以及工作的努力程度。欠缺自我控制、高度的易怒及敵對心理，都處於導致長期失業的風險區[20]（這是可想而知的）。相反的，正面情緒協助我們更有效率地處理複雜的資訊、更有創意地解決問題[21]。

我們必須考慮到一個重要的細節：我們如果找到一份和自己性格特質相配的工作，就越能夠綻放自己的才華[22]。這將進一步使我們對自己的人生感到滿意。

論及健康時，性格外向的人能夠培養人際關係、營造出較廣泛的社交防護網，這已證明對健康有正面效果。可以想見，沒有責任心的人會從事危險性較高的活動，而這會影響當事人壽命的長短[23]。

個性沒有絕對值

當然，還有其他一系列因素影響我們人生的走向：動機、興趣、情感、價值觀、自我形象與自我調節——亦即我們掌控並影響自己思緒、感情與行動的能力。但當論及如何管理人際關係、工作、健康與其他事務時，性格確實扮演至關重要的角色[24]。好消息是：即使我們已經成年，性格特質仍然是可以繼續被培養的[25]。或許你已經猜到了，讓自己受到三項動機影響的程度，將會影響自己的性格特質。

與其他若干範圍較小、對性格特質的科學描述不同的是，我想要指出：五大性格特質並沒有將你我侷限在不同的「類別」之內。你也許曾聽過古希臘哲學家希波克拉底（Hippocrates）關於四種不同元素的舊區分法。這四種元素當中，每一種都與體液有關：血氣（血液）、火氣（黃膽汁）、沉靜（黏液）與憂鬱（黑膽汁）。或者，你可能聽過一種以顏色區分性格的理論：X君做出行為Y，因為其性格顏色為Z，這正是「基本歸因謬誤」（Fundamental Attribution Error）。

這些針對性格特質的描述藉由預先設定的性格組合，將人們的個性置入現有的概念中。而潛在的難題在於，我們的個性無法被塞進這些「包裝」裡面。它們也沒有考慮到周遭形勢與當事人互動的方式。舉例來說，這些理論忽略了一點，就是周邊的環境與形勢會影響當事人的行為。也許某人工作單位的領導極度無能，導致當事人一天當中大部分時間都處在充滿壓力的環境中；更糟糕的是，這名當事人還深陷離婚問題。顯然，這一切都會影響當事人的行為。

真相在於，我們的行為會依據當下所處的人生階段、身處的環境而有所不同。例如，我們和老友相處時相當外向、感到放鬆，在工作崗位上則較內向。你和前任伴侶共處時，由於他／她占據更多「空間」，你的姿態也許變得較低，在那段情感關係中，你甚至可能是受到侮辱、被貶低的一方。假若你有了一段新的關係，而你的新伴侶為人處事方式不一樣，你可能比較有發言權，也更常拋頭露面。這牽涉到人際間的動力。周邊的人、情境、脈絡與人生階段（顯然）會影響我們，以及我們的個性如何被解讀。

讓我來總結一下。整體而言，我們可以將個性視為一系列特質的總和。個性並沒有絕對值，相反地，一個人身上可能存在各類特質的變異或衍生，而且程度不一。這些特質將導向重複出現的行為。

我們的優點與缺點，也因個性而各有不同。個性加上所處的情境，將共同說明我們在某一情境之下，將如何行動。

個性主導我們與各項動機之間的關係，也將決定我們承擔這些動機的難易度、如何運用它們，以及它們對我們而言又將意謂哪些類型的挑戰。動機將駕馭我們的注意力，影響思緒、情感與行為。我們關注那些符合自身需求的刺激物。然而對那些不能滿足需求的刺激物，我們有時甚至渾然不覺。

例如，某個有著強烈復仇心理需求的人會關注潛在的羞辱與挑釁之舉，而一個復仇心理需求薄弱的人可能對羞辱的舉動完全無感（即使真的有人在羞辱他）。一個對明確度與秩序有強烈需求的人，會注意一個房間的清潔程度，更會留意到一個凌亂不整的房間，而另一個對秩序需求微弱的人，也許完全不會注意到亂七八糟的廚房。

逐漸弱化的支配慾

最後，五大因素理論提及了五項原始的性格特質，但根據我的看法，它還欠缺一項特質，也就是「社會支配傾向」（Social Dominance Orientation）。美國學者詹姆斯・金恩（James E. King）與古巴裔美國心理學家何塞・費格雷多（José Figueredo）將支配形容為一個人「在不同社會脈絡下對於他人的『意志』」[26]。總之，「支配」並不意謂著毫無同情心或不願意合作。相反地，它意謂一種想贏過他人的意志（有時甚至不計代價）。

支配意志的強烈度也根據我們身處的脈絡而有理想值，這一點與五大性格特質的其他性質一致。如果你的支配慾望太強，人們將沒有餘力與你相處。如果你太卑躬屈膝，你將會顏面盡失，且易於被他人利用。

假如我們探討動物界，支配的表現與階級現象通常更加明顯。這些傾向在人類社會中受到節制，原因包括政治正確、教養、禮貌或只是單純地認知到「與人為善比不計一切代價遂行己意，對自己更有利」。而且在人際間談論支配與階級的問題，感覺也不怎麼自在——不管是在職場、朋友圈或伴侶關係之內。然而，這些現象仍在相當程度上影響我們。

根據靈長類動物學家理查德・蘭厄姆（Richard Wrangham）的說法，人類自從學會生火的技術（距今大約兩百萬年前），就越來越偏離具攻擊性、追求支配力、類似黑猩猩的行為，而更趨近於倭黑猩猩平等、開放與專注尋求合作契機的行為。人們認為，學會生火與用火，確實有所影響。要想讓火持續燃燒，就必須合作。就連煮飯、照顧小孩、打獵等活動都需要合作，方能順利進行。我們就是需要變得更溫順，而且受到馴化、有能力過著群體生活，畢竟那些最不理性、最暴力的鄰近物種，都已經被淘汰了[27]。

不過在我們當中，仍然有人希望不計一切代價爭取勝利。也正是這樣的人，會使用侵略手段以獲取自己想要的資源。當你讀到關於第二類動機（地位）時，心中請記住這一點。

現在我們已經準備就緒，即將深入探討這三類動機。它們（人際關係、地位與知識）能夠解釋我們人生中一系列的情境、行為與挑戰。

CHAPTER
ONE

／

人際關係

請思考一下你最近做的某個選擇，不管什麼選擇都好，這可以是你想要入手的衣服，可以是你在小酒館想要點的啤酒，可以是你想看的電影，也可以涉及更重要的決定，例如你想把票投給哪個政黨、想跟誰展開一段配偶關係，或想選擇哪一種職業生涯。

在這些情境下，你覺得自己為什麼會做出這樣的抉擇？你是如何做出這項決策的？

你也許會覺得這個問題極為簡單、幾近於幼稚，這當然是因為你喜歡自己做的選擇。主導決策的是你的品味與偏好。不幸的是，實情可沒有這麼簡單。

真相在於，他人對我們人生中所做的大部分事情，有著很強烈的影響力。

我們鍛鍊身體的原因，在於我們的朋友有健身的習慣。我看某一部電視劇的原因，在於我母親也看同一部電視劇。我在上週六晚宴時遇到一位女士在談論自己的保險，因此，我投保了人壽險。除此之外，由於我家小孩班上有兩個同學打網球，他們也打網球。我們到馬來西亞度假，背後的原因是某個熟人在那裡度假，還寄了一張照片給我們。社群的影響力不容小覷。

事實是，想「不受他人影響而做出決定」，是很困難的。但這並不意謂著任何人都有權力影響我們的決策。當我們買車時，誘人的價格、低耗油量、良好的安全性當然都很重要，但家人、朋友們的指點與意見也都扮演一定的角色。另一個具影響力的因素則是——

這輛車是否讓人聯想到那些酷炫（也就是具有高度地位）的人物[28]。

當事涉本身時，反而經常難以洞察這項因素的影響力。

你一定曾經聽聞過，人們對在一大群人面前發表談話的恐懼感，據說比對死亡的恐懼感還要強烈。這是為什麼呢？

我們感覺在一大群人面前發表談話很危險的原因在於，這一大群人可能會拒絕我們。所有人都可能認為我們毫無價值——而且可能同時這麼認為。這被稱為公開演講恐懼症（Glossophobia），是一種極為真實的恐懼。

我們在完全「無害」的情境下卻做出有如生死攸關的反應，這個例子足以說明，我們對自己被周遭環境審視、評價的敏感度是根深柢固的。

某些人比一般人對讓自己感到憂慮、不安的事物更敏感。從歷史角度來看，一有風吹草動就啟動壓力系統是有幫助的，不幸的是，今日它卻因為完全不必要的原因啟動。例如，你心儀的男生只回了一封簡短的簡訊，而沒有更詳細回答；或者你以為自己沒收到鄰居慶生派對的邀請函，而後卻發現這封郵件只是被篩進垃圾桶裡。我們反射性的認為：「他（或是他們）不喜歡我，我既無趣又沒價值，不能參加。」

對我們的祖先來說，不能加入群體就等同死亡。因此，我們對於被排除在外才感到如此害怕。

有時難免鬱悶

社會心理學家羅伊．鮑梅斯特（Roy Baumeister）和心理學與神經科學家馬克．利瑞（Mark Leary）在其研究著作《對歸屬的需求》（*The Need to Belong*，暫譯）中寫道，「對歸屬的需求是一種強烈、原始，且極為普遍的動機。」成為團體的一分子使我們的生活變得比較輕鬆，因為我們可以共享食物、團體中有些人可能成為你的配偶，而我們也能共同照料孩子[29]。

假如我們理解人際關係有多重要，也就能理解為什麼我們對孤獨的反應如此強烈。事實上，對我來說，只要觀察我自己的反應就足以理解這些情緒有多麼強烈。其中一個例子是，我三不五時會覺得有點鬱悶。有趣之處在於我感到鬱悶的方式，其實很具系統性。例如，當我獨自在家（我在家辦公）、一連工作了好幾天以後，我就會開始感到鬱悶。影響程度可以嚴重到，如果我不出門鍛鍊身體或與他人見面，我就難以維持工作效率。

一般而言，當我們和他人共處時，心情會比較好。我們與其他人所建立的連結，能比其他屬於人類的經驗帶給我們更深刻的使命感、快樂與幸福。同時，孤獨本身是個有趣的現象。就算表面上並不孤單，我們有時候仍然會感到孤獨。

孤獨為什麼危險

長期以來我們一直相信，孤獨主要影響人的心理層面。如今我們知道，孤獨甚至會帶來生理上的疾病，事實上，孤獨甚至會導致死亡。但是，我們必須將「非自願的孤獨」與「自己選擇的孤獨」做區分；心血管罹病風險提高，甚至導致早逝的，是非自願的孤獨。

但是，孤獨為何能造成這麼大的傷害？是我們體內分泌的壓力荷爾蒙造成傷害。非自願的孤獨會啟動大腦感受痛苦的系統，因此，我們在孤獨時感到的痛楚要比非孤獨狀態下強烈。

歷史上對「孤獨為何對我們來說有危害」的解釋為：和其他動物相較，人類是一種相對瘦弱、遲緩的生物，當我們學會合作與團結時，才終於找到成功、有效的生存策略。團體生活成了人類成功的因素。

簡言之，我們對有助於人類生存的事物，都有正面的體驗。我們的大腦分泌在體內塑造健康的神經化學物質，這正是我們受激勵、與他人產生聯繫的原因。這一點，從人生的開端到終點都適用。

請設想一下這樣的場景：你剛用手機發送訊息給一個你有點喜歡的人。沒過幾秒鐘，就發現那些浮上螢幕的小點——它們顯示，對方正在回訊給你。學者已經研究過這些小點所產生的效果。十分有趣的是，得知一封訊息正在寄給我們時，我們反而感到焦慮[30]。這讓我們忽略周遭其他事物。同時，這個舉動就像坐在原地、看著剛漆上的新油漆乾掉一樣荒謬。然而，這就是我們的反應。

我們對其他人，以及他們可能會如何評價我們的興趣，幾近於盲從的程度。快樂、痛苦、不安——許多相異、劇烈的情感都連結到我們的人際關係上。再重複一次，我們的感情會如此強烈，絕非偶然。這所有的情緒，過往都曾幫助人類存活下來，社交上的痛苦就和生理上的痛苦一樣真切。

我們本來就應該在乎人際關係；本來就應該有意願親近自己的子女、安撫他們；本來就該與他人建立穩定的人際關係、願意交朋友、關切我們的親戚。

早期的人類定居在規模較小的群體中，要是不慎迷路、離開自己的村落，就會感受到焦慮、壓力與不安，這時，壓力荷爾蒙會被分泌。今日，我們生活在一個新世界裡，值得一再重申的是，我們的基因乃是起源於人類物種歷史上另一個截然不同的時期，能夠與人共處，甚至帶給自己與其他人某種激勵，人類就是被塑造成要與他人互動的，我們的自我認同往往投射自我們所「歸屬」的群體。

一段關係能使我們感到快樂；要是同一段關係結束，劃上句點的時候，也會讓我們覺得人生毫無意義。同樣的道理，也適用於親人的逝世。

總之，合群的行為是人類身上（永恆）的常數。而我們仍然對個人主義者、具有無與倫比的獨特性又是如此驕傲，這彷彿自相矛盾。這些自相矛盾的力量，有時會在我們內心引發衝突。

例如，在同一個工作單位任職的人，經常傾向於在外觀上尋求大略的一致性。他們的著裝方式大致相似，言行舉止、思維與想法，也常發展出一連串不成文的規定。然而，就算需要與他人有相似處，我們仍然不希望在派對上跟別人穿著完全同款的西裝外套；我們也不希望在出席一場宴會時發現，「老天爺，我完全格格不入！我怎麼能如此嚴重地誤判了關於穿著的要求呢？」

演化過程開發了我們的大腦，而正是這股力量操控我們：走出去、與其他人進行互動。我們成為地表最具主宰力物種的原因，想必就是這個。不幸的是，同樣的適應機制，也使我們成為專屬於自己的謎題，難以被解讀。論及我們是誰、如何運作時，這樣的「死角」是相當廣的。

現在我們將進一步探討人類為何是受到關係所推動的物種，以及其背後的運作機制。我們會檢視人類運作模式的成因、與他人共處和獨處時體內發生的神經化學反應、受關係推動的事實如何影響決策，以及這一切又會將我們帶往何方。

這一切有利亦有弊。

別人做的事，你也會跟著做

人們的抉擇，是會受到他人所影響的。當我們旁觀他人時，這個事實很容易被發現，但如果我們自己就是當事人，要洞察這一點可就沒那麼容易了。本章將探討其他人如何以相當簡單，但通常很微妙的手段，影響我們的行為。

影響選擇的因素

我們感興趣的事物、選擇的午餐類型，以及鍛鍊身體的頻率——這一切都受到他人的行為所影響。但這是為什麼呢？

一種解釋是在社會學中所謂的社會期許（Social desirability bias）。要洞察它對我們本身所造成的影響並不容易，原因在於這種影響本身並非我們所樂見的。我們在社會中被以某種方式灌輸下列的想法：要成為獨特的個體、超脫這種影響，活出自己的風格。想必沒有人希望像旅鼠一樣，與其他人同樣規規矩矩地排排站，宛如茫茫人海中一個微不足道的小分子。我們如果採取這種觀點，社會影響力感覺就像一股負面的力量——而我們當然不願意從這種負面的角度來看待自己。

然而，事情又沒有那麼簡單。就算我們將「影響力」理解為某種正面的因素，想必仍不樂見自己特別受到它的影響。作家兼教授約拿．博格（Jonah Berger）在其著作《何時要從眾？何時又該特立獨行？》（*Invisible Influence*）提到一項研究，該項研究詳細地解釋了我們如何被影響，以及對此一無所知的程度[31]。

研究的執行者，是匹茲堡大學的理查．莫蘭（R. L. Moreland）教授[32]。該項研究中，受測者（男性與女性皆有）觀看了四名女性（被標記為A、B、C與D）的照片。隨後他們被要求回答關於每一名女子的幾個問題：他們認為該女有多麼吸引人？他們是否有興趣花時間與她共處？他們是否有意願和她交朋友？

這幾名女性當中，沒有人在任何方面特別出眾。外表上，她們看來就只是典型的大學生，她們的年齡大略相仿、衣著隨興而輕便，且或多或少像是能夠和這些學生（受測者）同班上課、當同學的人。

事實上，其中三名女性確實曾經以學生的姿態，出現在莫蘭所任教的班級。照片中的女性在講課開始前幾分鐘現身，她們緩緩地走到教室前排的長凳，然後坐定，班上絕大多數學生都能看到她們。講課過程中，她們安靜地坐著、抄筆記。講課時間結束後，她們收拾自己的物品，和其他學生一同走出教室。這些女性就像班上其他學生一樣，關鍵在於：她們實際上並沒有真正參與。她們更像是無聲的臨時演員，被莫蘭派遣到現場。

但有個細節很重要，甚至是整個實驗的重心：每一名女性參與的授課節數不同。莫蘭總共講授了四十節課。A女完全沒有去聽課、B女來聽了五節課、C女聽了十節課，而D女總共聽了十五節課，在我講述研究結果前，還必須再補充一點：大家的偏好都不一樣。這一點都不奇怪，論及潛在的配偶時，某些女人喜歡金髮男子；也有人偏愛黑髮男，或者擅長體育活動、學識淵博、具幽默感、惹人喜愛、沉靜或較為精力充沛的男子。總而言之，不同的學生對A、B、C、D四女感興趣的程度不同，並不是多麼使人感到訝異的事情。某些人對A女比較著迷；也有人比較喜歡B女，同理亦適用於C女和D女。

然而，撇開這些個人的偏好不論，我們發現一個模式：越常在教室裡出現的女子，越會被認為具有吸引力。

如果你想喚醒某人對你這個人的興趣，請確保你在這個人面前有露臉的機會。安排你們見面與聯繫的機會，或讓這個人看見你的照片。

到過班上十五次的D女，被研究的受測者認為比到課十次的C女更有魅力；到課十次的C女又被視為比到課五次的B女更有吸引力。假如人們經常看到某人，他們會對他／她有好感。那名曾經到課十五次的D女，外貌並不比其他幾名女子亮眼——所有人被視為有同等的吸引力。而研究的參與者也並未在授課期間，以任何方式結識這些女性。當然了，她們確實曾出現在教室裡，卻不曾以口頭交談或任何方式與其他學生進行互動。

若要做出總結，學生們喜歡某些女性的原因在於：他們看見她們的次數，比看見其他女性的次數要多。研究的參與者認為她們更有趣，願意認識她們，而實際上，他們只不過曾在一間教室裡多見過她們幾次。

這使我眼神為之一亮，提出建議：如果你想喚醒某人對你的興趣，請確保你在這個人面前有露臉的機會。安排你們見面與聯繫的機會，或讓這個人看見你的照片。但請記住，要保持你自己的警覺性——你見到某人的次數越多（哪怕只是單純的聚會），日久生情的風險（或機會）就越高。另外一方面，假如你用圖片、簡訊或通話來轟炸對方，只會收到反效果。

隱形的力量

曝光度有助於增加好感，數以百計的實驗已經顯示這一點。適用的範圍不僅止於一所學校內的學生。「重複曝光效應」（Mere-exposure Effect）甚至適用於文本、果汁、建築物、廣告與謠言。我們越常見到某個東西，就越喜歡它。神奇的是，我們對這種現象的發生，竟是如此缺乏意識。當莫蘭班上的學生們（也就是實驗的參與者）被問及他們是否見過這幾名女性時，幾乎沒有學生記得。當他們被問及是否覺得這件事（也就是說，他們或曾見過D女）可能影響他們的意見時，他們困惑地答道：「喔，不過就是見過某人幾次，為什麼會讓我認為她更有吸引力？」然而，影響確實就此發生。

我們低估社會影響力的意義，原因在於沒有意識到它的存在。我們沒有見到社會影響力操縱、影響行為的證據，因而對此毫無意識。總而言之，我們假定它不會發生。然而它一直都在發生，每天都在我們周遭起作用。社會互動塑造我們的過程，就像一道恆定流中持續碰撞彼此的原子——日常生活中的互動是一條持續流動的河，形塑我們，以及我們所做的事情。

當我們對某事所知甚少，甚至完全手足無措時，會很輕易地傾聽他人的經驗與意見、偷偷瞄一眼他們都怎麼應對。這確實符合邏輯，我們信任他人、將他們視為參考，好讓自己能做出更妥善的決定。這為我們省下時間與精力。

而難題在於，研究顯示即使我們在一些情境下明明知道正確答案，卻還是會依從群體的意見，即使群體的意見明顯是錯誤的。面對群體壓力，我們常會臣服。這可以牽涉到飲酒，或在某個工作單位霸凌某個人。或者說，當我們見到其他所有人被一個（很難笑的）笑話逗得哈哈大笑時，也會跟著笑[33]。

換句話說，即使心中明顯有了答案，或明明知道該怎麼做才是對的，我們仍然會模仿其他人。

物以類聚

我們三不五時會聽見「物以類聚」與「同類相吸」這類的成語。我們受那些與自己相似的人所吸引——甚至會喜歡上外表與我們相似的人。再重申一次，這想必是因為我們對自己是如此熟悉，以致於也會讚賞對方身上的這種熟悉感。

假如一對情侶在情感關係的開端有若干相似之處，隨著歲月流逝，他們之間的相似程度將會越來越高[34]。原因之一在於，假如我們數十年來與同一個人共處，你就能重複、多次反射彼此的面部表情與表達方式。多年來不斷重複的面部表情，會在一個人臉上留下痕跡。連一個剛出生兩天的嬰兒聽到其他嬰兒哭泣，他／她也會跟著哭；嬰兒甚至會模仿其照顧者的臉部表情[35]。

這種映射作用在我們不自覺的情況下發生，導致其發生的原因被稱為「鏡像神經元」（mirror neuron）。舉例來說，我準備參加談判，我的談判空間很大，要是我不小心知道對方的談判空間也很大，沒錯——這代表我們達成意見一致的機會就很大；雙方的談判空間越小，重疊的部分越少，談判就會越艱鉅。這意謂著雙方都將被迫付出超過自己一開始所設想的努力，來討好對方。

然而，有個因素能夠急遽提高談判雙方達成共識的機會，即使情況看來已經沒有希望了，這個竅門是「模仿談判對手的動作」[36]。研究人員讓人們兩兩一組進行談判，探究了這個現象。其中一組談判者收到的指示是謹慎地模仿其談判對象：假如賣方搔了搔鼻子，買方就照做；假如賣方身體向前靠或向後貼著椅背，買方也跟著照做。當然，這必須以很微妙的方式來進行，使對方無法察覺。模仿對方動作的人，談成交易的可能性足足比不模仿者高出五倍。這是個很成功的結果。

除了協助我們增加在談判中達成共識的機會以外，鏡像作用也協助雙方塑造價值、從談判中獲取更多成果。

在訪談中，模仿的動作使受訪者感覺更加自在，提升了談話效果與品質。在商務的場合中，模仿的動作增加說服力，而你知道嗎？我們給模仿我們動作的服務生小費金額，比沒有模仿我們的服務生高出百分之七十[37]。甚至只要在電子郵件中跟進、反映寄件人的問候語（你好／哈囉，嘿／嗨），就能提高電子郵件受到對方正面解讀的機會。

鏡像作用營造出連結感，成為某種類型的社會黏著劑，將人們連結在一起。雙方會開始以連結的共同體看待這段關係，更貼近且依賴彼此，而非「我們」和「他們」的感覺。這就成了某種形式的「我們」。假如某人的行動與我們一致，我們會相信彼此之間有更多共同點（甚至多於實際上的共同點），或者在某種層面上感覺彼此屬於同一個族群。

鏡像映射作用能獲取更強烈的好感，就連觀察約會的研究都證實了這一點：在聯誼的快速約會場合，模仿彼此語言風格（亦即談話方式）的參與者，雙方願意再度見面的機率比不模仿者足足高出三倍[38]。已經在一起，且彼此語言風格能夠契合的伴侶，於三個月後繼續在一起的機會比不契合者高出百分之五十。

事實在於，人們不模仿彼此（也就是說，我們悖離這種自然傾向）唯一的時刻，就是不願跟某人扯上關係的時候。例如，對自己所處伴侶關係感到滿意的人，比較不會模仿與其伴侶屬同性別，且具吸引力人士的動作。

我在演講時常會談到：人類在演化歷程中發展出社交靈活性，就是社交技能所涉及的重點。我們以某種方式和自己的媽媽談話，用另一種方式和自己的女兒說話，但這並非虛偽的表現。我們在舞台上的表現，以及和配偶相處的方式，想必是不一樣的。靈活性遠遠勝過食古不化——個性並非被刻印在石頭上的文字。

成功可以預見嗎？

心理學家所羅門・阿希（Solomon Asch）在一九五〇年代進行了一系列實驗，請參與實驗者回答一些問題[39]。當每個受測者在不受其他人影響的情況下回答完所有問題時，他們幾乎能全部答對，並不困難。

然而，當不少人回答錯誤，而參與實驗者看到這些人的答案時，情況就不一樣了。此時，參與實驗者答錯三分之一的問題。請注意，受測者在這些實驗中是受到「陌生人」的影響，而受測者並沒有理由去迎合陌生人的想法。

這個現象被稱為「遵從」（Confirmity）。許多受測者在後續的訪談中提到，「我覺得最初的理解一定錯了。」總之，他們懷疑自己。假如觀察腦部研究的結果，就會發現，參與實驗者其實開始以和其他人相同的方式，看待整個局面。我們採納其他人對現實的理解，深陷於充斥整個社會的意識形態、常規與價值觀。由於這些價值觀伴隨我們的成長歷程，我們常將其視為理所當然，極少質疑它們[40]。

我稍早曾經提過那項關於女大學生的研究。學生們最喜歡那些最常與他們見面的女性。但如果將主題換成藝術，情況又是如何呢？最受歡迎的是那些最優秀的藝術家、最棒的演員和最好的書籍嗎？成功是可以預見的嗎？我們是否能預測哪些歌曲將風靡全球、哪些犯罪小說家的作品能夠打入群眾之中？

不幸的是，才華與品質很少是唯一有影響力的因素。我們想要仿效他人的事實，也決定哪些歌曲、電影和服飾將會大受歡迎。

社會學家馬修．薩加尼克（Matthew Salganik）曾經以音樂為領域，針對這一點進行測試[41]。他的團隊設計了一個能夠讓使用者聆聽、下載音樂的網站。然而他並沒有挑選名曲或著名的藝術家，而是將歌曲以表格的形式依序排列，使用者可以聆聽這些歌曲，假如他們喜歡某一首歌，可以將其下載。歌曲的排列順序一直在改變，這使得順序不會影響網友選擇聆聽哪些歌曲。

足足有一萬四千人參與了這項研究，參與者獲得的資訊包括曲名、樂團的名稱，以及先前的使用者喜歡哪些歌曲。你可以看到每一首歌被其他人下載的次數。當研究啟動時，這些歌曲就會依據受歡迎度次序出現。最受歡迎的歌曲排在最上方，居次者排在第二位，其餘歌曲以此類推。這意謂著：每當一首歌曲被下載時，曲目清單就會更新。有趣之處在於，其他使用者選擇的資訊，有著重大的意義。

參與實驗者傾向於跟從其他人的喜好，選擇下載先前其他使用者所下載過的歌曲。隨著越來越多人藉由下載歌曲、或者選擇不下載某些歌曲來表達自己的好惡，最受歡迎與最不受歡迎歌曲之間的差距變得越來越大。用戶所聽的歌曲是一樣的，但社會影響力導致最佳的歌曲更上一層樓，也使已經最不受歡迎的歌曲每況愈下。

論及受歡迎程度時，研究團隊已經證實了社會影響力的效果。

小小的雪球最終成為雪崩

此外，他們也想針對另一個問題來尋找解答。薩加尼克的團隊創造八個新的（且完全相同的）起始欄位。它們就像八個平行世界，由機運決定實驗參與者會落在哪一個世界。即使一開始的先決條件完全相同，每個世界都以完全獨立於其他世界的方式運作與發展。

假如成功只和資質有關，這八個世界到了最後，應該變得完全一致：比較優秀的歌曲將更受歡迎，比較差的歌曲就不那麼受歡迎。假如某一首歌在某一個世界裡大受歡迎，它應該也能夠在其他世界裡受歡迎。然而事態的發展並非如此，單一特定歌曲在各個世界裡的受歡迎度，差異非常大。在某個世界裡最受歡迎的歌曲之一到了另一個世界，卻變成最不受歡迎的歌曲之一。

成就的差異性為何如此顯著？為什麼沒有具備連貫性（且針對樂曲）的論據呢？我們再重申一次答案：社會影響力。人們傾向於跟從那些在他們之前先表達好惡者的意見。最初微小、具隨機性質的差異受到強化，如雪球般越滾越大，最終演變成雪崩。這導致在受歡迎程度上的重大差異。

有操控力的因素是——哪些人有權先表達自己的好惡？當然，這些人對音樂的品味多少有所不同。也許有人喜歡舞蹈樂團，有人偏愛民謠，還有人喜歡龐克音樂，同時也有一群人喜歡饒舌歌曲。人們表達喜好的順位帶來差異。在某個世界裡，喜歡舞蹈樂團的用戶率先參與；而在另一個世界裡，愛聽搖滾樂的使用者最先表達意見，下一名受測者加入研究時，他／她就會看到第一個用戶的喜好，並將其做為引導「自己」品味的指南。各個世界從此往不同的方向發展下去。

當然，別人的想法並不完全主導自己應該怎麼想，但這已經足以將天平導引至某個方向。今日將一首歌曲、一本書或一部電影帶往全球知名度與成功之途的，想必就是機運與廣大群眾的綜合體。

這是否意謂著，為我們所熟知、偉大的世界巨星——包括披頭四、貓王、ABBA、金屬製品（Metallica）樂團和碧昂絲——成就的背後推手，就只是機運而已？任何歌曲是否都可以聲名大噪，每個人是否都能變成明星？

不完全如此。就連薩加尼克的實驗，都指出資質與成就的關聯性。「比較優秀的」歌曲被下載次數更多，比較差的被下載次數則較少。最好的歌曲不會敬陪末座，而最差的歌曲也沒能高居榜首。但是這當中的差異性仍然很大，這一點意謂著單憑資質是遠遠不夠的。

如果要能夠洞悉這項機制對我們的影響，只需要回想一下：當我們瀏覽一家網路書店，或使用Spotify時，都採取哪些行動？我們沒有時間親自檢驗所有選項，對它們也不甚熟悉，只能將他人的選擇視為有助於篩選的捷徑使用：暢銷金曲排行榜、推薦文、其他人閱讀過的書目、聽過的歌曲和喜歡的內容。我們藉此節省精力與時間。

「社會遵從」（Social Conformity）意指以他人的視角看待這個世界，它代表你屬於一個志同道合的群體。有人對現實的看法與你相同，會帶來歸屬感，你歸屬於某個群體且因此能夠存活下來、好好地喘一口氣。從演化學的視角來看，這才是關鍵。群體當中的成員，最終存活下來；一意孤行的孤狼，則沒有同樣的存活機會。

對我們來說，與別人相似的事實，足以使我們深感滿足。「社交死刑」（the Social Death Penalty）的概念形容我們身處於失去社交連結的狀態。我們所能想起最痛苦的記憶，通常都與「被遺棄」有所連結，例如被摯愛的伴侶遺棄，或年幼時被父母遺忘在百貨公司裡。

先表態者具有顯著影響力

正如前文已經深入探討的，「社會遵從」現象甚至能影響團體的決議。請觀察焦點團體如何分享自己的意見，或某個委員會決定應該聘用哪個人選：最先表態的聲音，將能對最終的決議發揮顯著的影響力。這和最受歡迎歌曲的道理完全一樣，團體智慧高人一等的先決條件在於，該團體能夠得到（所有）個體的知識。我們統整大家的知識，將其匯聚起來，而這將指向更優質的決策。但如果大家只遵從群體的看法，或者隱藏自己的經驗與知識，不加以透露——是的，這樣的群體就失去了價值。

但我們應該怎麼做才能讓不同的意見與想法得到抒發，破解社會影響力的限制呢？事實在於，一個持不同意見的聲音，就足以讓其他人敢於表達自己不同的意見。我們未必要居於多數人的地位，才能對自己異於他人的想法感到安適，並敢於將想法說出口。只需要感到自己不至於孤立無援，這樣就夠了。

其他的建議如下：

1 讓個體意見私人化：例如在團體會議前發放匿名問卷。

2 採用小團體模式：如此一來，每一名成員的話語將更有分量。

最先表態的聲音，將能對最終的決議發揮顯著的影響力。

3 請確保自己能夠率先發言：就算並非每個人都同意你的意見，它仍會構成某種方向，能夠吸引那些對該問題尚無意見的人。

4 在開會前單獨和每一名與會者談話，分享你的意見：這有助於建立一個與你想法相近的同盟，而後要將小組內部其他成員帶往你的方向就變得相對容易。

結論是，如果我們並未察覺到社會影響力持續發揮作用，很容易就低估其意義。畢竟，我們也沒有見到關於社會影響力主導自身行為的證據。總而言之，我們認定它並沒有發生。

然而，它卻每日（時時刻刻）在我們周遭起作用。

佛洛伊德就已經指稱，人類是不喜歡改變的有機體。現今，我們周遭的環境變遷速度之快，是過去所未見的，這意謂著人類面對持續不斷的變動，因此我們常將周遭環境裡的人，視為我們如何因應、反應或是否應該退避的準則。

我們能「有一點」與眾不同嗎？

和別人做出類似的選擇「感覺」比較安全：越多人做的選擇，一定就越好。不是嗎？是啊！我們有時候確實會想要跟其他人一樣，但有時，又想與眾不同。因此，即使合群對人們來說相當重要，我們也未必在所有情況下都會這麼做。

例如，我們想要藉由點一杯冷門的啤酒讓自己感覺獨特，或是計劃在派對上穿一雙新鞋，表現出個人品味。

在這一點上，我們也必須考量到他人的影響力；然而，我們希望選擇以某種方式與眾不同。這個現象被稱為「虛榮效應」（Snob Effect）。下列的詮釋，聽起來非常有科學性：「個人的需求（當涉及商品或服務時）與市場需求之間呈負相關。」也就是說：越多人使用的東西，我們就越沒有興趣購買或使用。

主流或非主流

當然，我們不願意成為唯一做某件事情的人。但如果太多人開始做某件事情，我們反而又會想要做點別的事情。當大家都在做瑜伽或吃某一道菜的時候——尤其是這些事情已經高度「蔚為風尚」的時候——所謂的「後座力」（Backlash）就發生了。

事實在於，如果太多其他人也開始喜歡我們本來真正喜歡的事物，這意謂著我們得放棄這類事物，而我們確實是會放棄的。我們就是不願意感覺自己只是廣大、茫茫人海中毫無意義的一個小分子，彷彿一個沒有個人意志的傀儡戲偶。

當一個我們喜歡的音樂團體由非主流變成主流，我們本身就隨之失去了獨特性質，原因在於，一旦喜好與其他人一致，我們將不再身處一個獨特、具有排他性的集合之中，不再處於頂峰、屬於「酷炫」的一小撮人裡（而置身於頂峰則和第二項動機「地位」有關係）。

與眾不同是有好處的。在衣著上與眾不同，能夠使他人注意到你。假如你在工作場所的穿著稍微比別人更犀利一些，別人就會認為你更精明能幹。假如我們比別人高，就更容易被選進籃球校隊。就算是嗜好與休閒活動，道理也是一樣。人類經常避免某些行為，原因在於別人已經在做這些事情：「其他人都去那家社區酒吧，所以我才不打算去那裡呢。」例如，如果我們的哥哥或姊姊被認為很聰明，我們本人或許會努力扮演逗趣、好相處的角色。我們也有可能這麼想：「我才不想因為這麼一件無關緊要的小事發火，我跟他們不一樣。」

將自己與他人做區分的行為，給予我們定義與卓越感。如果所有人都完全一樣，你將會很難獲取某種自我的存在感。這種與他人之間有所區別的需求，讓我們能輕易地專注於凸顯自己的事物，感到自己是獨特的。即使我們所做的許多事情和他人一樣，這種對獨特感的需求仍然存在。舉個例子，假如你前來開會，穿的襯衫和另一名同事正好完全撞衫，你也許會聚焦於你所穿的鞋子款式和對方的鞋子完全不一樣。

有時候，我們會沉浸在「自己獨樹一幟」的幻覺中。一部分的廣告設計師牢牢地捕捉這一點：服飾品牌、香菸製造商和連鎖速食店可能使用類似「你的專屬風格」、「穿上這件衣服，展現獨一無二的你」或「獨特的車款，使你與眾不同」的訴求。他們所看重的是與他人的差異性。

問題在於，真實情況下，某些人是比較樂於與他人相似，還是寧願與眾不同，這背後都是有原因的。一個推波助瀾的因素在於社經地位——也就是階級[42]。具有勞工階級背景的人，比中產階級者更偏好相似性。假如某人已經挑選了某項產品，來自中產階級的人傾向於不選擇同一項產品；而出身於勞動階級的個體對於「融入」則不那麼排斥。他們更常選擇那些已經廣受歡迎的東西，當別人挑選他們已經選過的同一項物品時，會讓他們更加喜歡自己的抉擇。

當然，一部分原因可能單純在於人們的經濟能力，但這樣的答案並不能解釋一切，階級也無法解釋一切。某些人就是喜歡與眾不同，而且樂在其中。有些人喜歡受歡迎的產品，有些人則避免這類熱門產品；某些人想塑造更獨特、個人化的形象，另外某些人則認為，融入群體是無傷大雅的。

某些文化比其他文化更加鼓吹個人主義，這樣的思路可能與以下事實一致：與眾不同、獲得最多關注度的個體，將能夠從中獲益。在這些文化之中，獨特性意謂著自由與不受拘束。而在亞洲文化中，人們致力於維持和諧與連結。過度的與眾不同，將會被視為無法與自己所屬的群體達成共識。在這些文化之中，個體被認為應該追求團隊合作，而不是成為明星。

成長的情境與脈絡塑造了我們，一部分的影響反應在我們的行動上，但它也影響我們如何解讀自己與他人的行為。當一群人到餐廳點餐，而有人點了與自己一樣的餐點時，我們其實很可能會點某種飲料，藉此與他人不同。或者，我們也可能在服務生來詢問時搶先點菜，這麼一來，就不必在乎其他人點些什麼。先搶先贏嘛！我們的意見在會議上，率先提出來討論；在朋友圈當中，我們可是第一個穿上這件夾克的呢！

第三種選項是否存在

我藉由本章內容想傳達的最主要訊息在於：我們必須意識到，這些力量（與其他所有人保持同質性的需求，以及對能夠與眾不同的需求）是如何影響我們的。同時也必須意識到，這兩種傾向到了最後，仍然與群體脫離不了關係。

社會影響力將我們推往兩個方向：一方面模仿他人，另一方面卻又與他人做出區隔。如果能夠洞察這一點，我們的決策就會變得更加明智。原因在於，對與眾不同的需求絕對不只是青少年在決定加入某個次文化團體之際，一時感到的衝動而已。大家都有這種感覺，只是各人程度不同罷了。追根究柢，假如每一個人對這種感覺的需求都同等強烈，你其實並不能真正與眾不同。

然而，社會影響力對我們行為的影響幅度，絕對不僅止於模仿或區分。第三種選項確實存在；它的核心在於同時進行這兩件事。我們可以保持與他人的同質性，同時又展現不同之處。研究人員曾經仔細探究過這個現象，他們探究包括類似姓名這種最基本、適用於所有人的現象。

舉個例子：一場颶風侵襲美國之後，名字第一個字母與該颶風名稱開頭字母相同的新生兒人數變多[43]，但被冠上該颶風名字的新生兒人數則未增加。在卡翠娜（Katrina）颶風肆虐之後，被取名為卡翠娜的嬰兒人數變少，但名字以字母K開頭的新生兒人數增加。同樣的道理，當某個名字剛剛才熱門過一陣子，與它類似的名字隨後就會變得受歡迎。當「蕾西」（Lexi）與「蘭斯」（Lance）等名字熱門了一段時間以後，就有越來越多新生兒被取名為「麗莎」（Lisa）和「萊爾」（Lyle）。

即使在這樣的脈絡下，我先前所提過（關於那四位出現在大學裡的女性）的重複曝光效應仍然在起作用——我們越常見到某個東西，就越喜歡它，甚至會轉而喜歡「能讓我們想起它」的事物。

我們對熟悉人事物的喜愛，在演化學的角度上是有好處的。這種心態讓孩子能夠依附於自己的雙親，讓動物貼近可以食用、安全無虞的植物，並協助一對夫妻克服意見上的不一致與荷爾蒙的變化、繼續維持關係。差別在於，相當不幸地，新的人事物是必須被評估的。這安不安全？合不合法？是正面還是負面的？這些考慮不管是針對人、食物或其他東西，都是適用的。

就算只是吃一點麥片當早餐，實際上都可能是攸關生死的決定。我們可能需要先嘗試一小口，將一小片麥片塞進口裡，確保沒有問題之後，才再吃一小口。那些我們過去曾經接觸過、有過美好經驗的人事物會在我們內心被編成一套密碼，而且會於再次相逢時帶給我們正面的感受，在我們心中注入某種暖熱的火焰。這樣的熱情，甚至會延伸到那些其實還跟我們半生不熟的人事物身上。外觀與我們過往熟識的某人相似的陌生人——也許兩人有著同樣的髮型或臉型——會讓我們更有熟悉感及安全感[44]。

但我們在喜歡舊識的同時，卻又渴望新的邂逅[45]。我們希望受到刺激，原因在於，這是一條協助我們蒐集新資訊的道路（請參閱「動機三：知識」）。三不五時從事一些新的活動——例如，參加一門課程、參觀博物館或到一個新的地點旅遊——這為人生帶來滿足感。和伴侶一起嘗試新的事物，能使我們對彼此之間的情感關係更加滿意[46]，而工作場所的改變則傾向於提高生產力。

但是，這種趨勢可以用U形曲線來比擬。「太新」的人事物感覺過於陌生，「太熟悉」的人事物則顯得很無聊，如果位於中間地帶，就相當完美了。在觀察名字時，也發現相同的現象：對我們來說，有著「適度」熟悉度的名字是我們所喜歡的。由熟悉所帶來的安全感與新鮮感所帶來的喜悅，是能夠相容不悖的。一個老舊的概念可以被轉化為新的方向；一件陳舊的家具，也可以被重新裝飾；一件曾經在幾十年前大受歡迎的衣飾，可以在經過重新改造後，突然再度變得時尚新潮起來。

結論是，做其他人也在做的事情能帶來一種認證感，證明我們所做是對的。但正如我們**不願意**和哥哥、姊姊完全相同的心態，我們需要藉由某種方式與他人之間做區隔。也就是說，展現獨特性、將自己從群體中獨立出來。

我們在此能觀察到兩股相反的力量：具備同質性，但又有所不同。做著其他人也都在做的事情，同時保持獨特、相異性。適度的相似性，就是解決之道。我們可以穿著和好友們相同品牌的衣飾，但風格有所差異；也可以穿著和職場同事同款式的毛線衣，但顏色不同。

社會影響力不僅僅引導、甚至也促使我們做其他人也在做的事情。他人的意見確然有可能像磁鐵一樣吸引我們，但有時會導致我們反其道而行。有時我們隨波逐流、被動地模仿；有時選擇脫離群體、反其道而行。但是，我們是不會離開這條「河流」的。

他人目光造成的影響

我們的臨場表現，是另一項會受到他人影響的結果。當其他人在場觀看時，我們的表現會更好[47]。

以群體為單位騎乘的競賽自行車手（不管他們是否在競賽中）每公里的車速，要比他們單獨騎乘時快上二十秒至三十秒。一系列實驗也已經證實相同的現象：他人的在場，確實影響我們的臨場表現，無論我們是否與這些人合作[48]。當其他人在近旁時，我們的表現就是會比較好；這個現象被稱為「社會助長」（Social Facilitation）。

在動物世界裡，也能觀察到同樣的傾向。當其他老鼠也在場時，老鼠們喝水喝得更快，且更迅速地探索周遭的

當其他人在場觀看時，我們的表現會更好。

環境[49]。假如有同伴在場，黑猩猩能夠更加迅速地完成本質簡易的工作。團隊合作的蟻群在單位時間內的掘沙量，是單獨勞動的螞蟻挖掘量的三倍，同樣的現象甚至影響動物的進食量。

與他人比較，然後取勝

社會影響力甚至會決定由哪一隊取勝[50]。曾經在比賽過程中某個節點落居下風的那一隊，比較有可能（多出百分之八的機率）取得整場比賽的最終勝利。處於下風、正在輸掉比賽的事實，不僅僅會增加該隊最終獲勝的機會，我們甚至能觀察到，這個情況會導致他們最後取得較多勝場數。就算是針對一支與其他不同隊伍相較之下「表現較差」，必須比對手取得更多積分才能取勝的隊伍，上述的理論仍然適用。

所以，假如你有錢在某支隊伍下注，最明智的選項或許是將賭注押在中場休息時落後一分的球隊。

可是，為什麼這種「幾乎就要輸掉」的感覺更容易導致最終勝利呢？嗯，這與意識到自己落後時體內的反應有關係。這時我們的動機會獲得提升，而這使我們更加努力。人們在實驗中觀察到，獲得回饋、被告知自己正處於落後的參與者在隨後的努力程度，是完全沒有收到回饋與任何通知者的三倍多。競爭者成為我們的參考點、藉此影響了動機，他們成為我們用來評估自己狀態如何的指標。

參加馬拉松競賽，或在職場上準備打幾通電話給客戶時，我們通常會為自己設定某種形式的目標。例如希望在五小時內跑完全程，在一個工作天之內撥打一百三十通電話，或者在一星期之中招攬十個新客戶。我們實現這些目標的程度，就取決於持續工作的努力程度。總而言之，落後於自己的目標，要比超前更能激起我們的鬥志。越接近自己所設定的目標，鬥志就越強烈——感到自己即將達陣，這種感覺令我們有收穫感。

然而，競賽中的重點，還不僅是落後競爭者而已，另外一個關鍵在於我們落後的幅度。微幅落後比大幅度落後更能夠激起鬥志。要是落後的幅度過大，我們就難以嗅聞到勝利的氣息——現實與目標之間的差距實在太大了。如此一來，勝利彷彿是根本不可能的，想激起額外的力量、一舉力挽狂瀾，就會變得困難。

我們會想：考慮到這樣的狀況，這麼做還值得嗎？

與他人比較，然後落敗

所以，社會比較不僅會增加鬥志，它也可能降低鬥志、讓我們打退堂鼓[51]。但無論如何，就算我們在競賽中途退出、扭傷了腳，或以其他方式放棄，也沒有人知道假如真的跑完全程，當初的表現究竟會是如何。

人們在競賽中途退出的原因，和他們對自己與其他參賽者狀態的評估有關。要是我們不合邏輯的（這也真是夠弔詭了）在比賽前一夜開派對狂歡，我們實際上的表現與實力不相符的原因就非常明顯。這種方法真是聰明，能將我們脆弱的自我包進棉花球裡。如果表現很爛，那都是因為前一天晚上宿醉害的：「要不是我到外面開趴，我早就大獲全勝了。」

停止、退出、中斷競賽都有著相似的功能。我們保全自己完好、正面的形象，而沒有竭盡全力比賽、最後落敗：「當初我如果繼續比賽，我想必已經贏了。」學者們已經觀察到，賽前被看好的參賽者更可能出於這個原因而退賽。那些高順位、賽前被各方看好的網球選手會在中場時間退賽，這一點和處於劣勢的一方不同。

選擇想要比較的對象，然後取勝

講完上述內容以後，如果我們想要激勵銷售團隊，讓他們更賣命工作，或鼓勵學生、使他們更用功學習，重點是什麼？

社會影響與比較是相當強而有力的心理學機制，因此使人意識到自己與其他人之間實力的對比，有助於讓當事人更努力、拿出更好的表現。在此同時，對這種機制的誤用會讓我們失去興致、打退堂鼓。

不幸的是，許多就業單位與學校以略為錯誤的方式使用這種機制。他們更常運用「贏者全拿」（the winner takes it all）的模型——意謂著贏家只有一個。撥打最多通電話的人將會獲得獎勵，考第一名的學生將獨享一切榮譽及讚美。這種方式只能激勵那些有機會一步登頂的人，所有沒機會立刻登頂的人，反而失去一切鬥志。那種「反正也不可能嘛」或「反正我已經落後太多了」的感覺很容易就駕馭他們。我在此處所指涉的，是撥打電話總數僅達優勝者通話數量一半的人。或者說，某個拿到C或D、意識到自己將永遠拿不到A的學生會這麼想：「幹麼繼續嘗試下去，何苦呢？」

針對這個問題，是否有解決方案呢？嗯，一種保持韌性的方法是和規模較小的群體比較。我們可以藉由縮減群體的規模，達到這個目的。例如，可以用績效與表現做為區分群體的標準，這將使參與者能夠和在知識水平或能力上與自己相近的對象比較。如此一來，就能避免一部分人因為和冠軍階級相差太多而完全喪失鬥志的結果。出於同樣的道理，雇主或工作單位可以給予回饋，讓每個人和排名在自己正前方的對象進行比較，而不是拿所有人直接進行無差別式的比較。

一位名叫托德・羅傑斯（Todd Rogers）的哈佛大學行為科學學者，曾經以政治與競選活動捐款為領域，測試過這項理論[52]。他用電子郵件通知超過一百萬名定居於佛羅里達的民主黨黨員，該黨在州長選舉的候選人（根據民意調查數字）正在取勝或落敗，不過差距些微。選項二（該黨候選人處於落後）獲取的捐款總金額比選項一（該黨候選人即將取勝）多出百分之六十。

相同的現象甚至會影響我們決定聘僱哪些人。論及某個特定的職缺時，我們可能會聘僱一名合格，但還沒有到駕輕就熟程度的人選。如果這份新工作對當事人而言意謂著某種程度的挑戰，他／她將會更需要證明自己的能力，因而會比另一個過往已擔任過一系列類似職務的人選更有拚勁。

讓我們在此做結論，無論涉及就業、募款或確保節約用電，身為人類的我們（當然）

我們所能夠掌控的是選擇我們要受到哪些人的影響，意謂著要讓哪些人構成對我們發揮社會影響力的交流圈。

都不是只憑理性運作的機器人，而是最高度社會化的生物。我們與他者之間的關係會影響自身的行動。假如我們住在一個「比較優質的」社區，自然也會變得更健康、更善良，身體狀況也更好。但在此同時，我們也不希望淪為他人的複製品，反而致力於追求異質性與同質性之間的最佳平衡與狀態。我們努力避免極端狀態，追尋某種「恰到好處」的平衡。

我們所能夠掌控的，是選擇自己要受到哪些人的影響，這意謂著要讓哪些人構成對我們發揮社會影響力的交流圈。原因在於，我們知道這將對我們的表現與自身行為造成重大的影響。假如運用這個現象，改善自己與他人的生活，所有人都將成為贏家。我們可以設計出能協助自己（與他人）將這項強大的人際交流機制發揮最佳成效的環境、氛圍、活動、系統與課程。

優質人際關係的意義

快樂是什麼？我們能夠變得更快樂嗎？

如果我們知道哪些因素會帶來快樂，就能將自己導向這些讓我們更快樂的事物。同時，還能減少那些讓我們不快樂的事物。我將在本章提到能讓人類感到快樂的事物與因素——也就是說，那些提升我們主觀身心健康度的事物。

使你快樂的事物

某些明顯能夠帶來快樂感的因素，是確實、清晰地存在著[53]。其中一個因素便是「大自然」。

人類的演進與歷史已有數千，乃至數萬年之久。在二〇〇八年，一項里程碑被正式跨越——全球首次有半數人口定居在城市，這是人類歷史上首次出現這種情況。

這是好還是壞呢？從整體上來說，都市居民更富裕，也更健康；但關於快樂的研究仍然顯示，我們在自然環境中才能感到舒適、自在。駐留在綠地空間、周遭環境有植物生長與水的人，比住在以混凝土建築為主體環境的人更能感到快樂。即使我們住在大都市，這也不代表一切都沒指望了——我們還是可以在自然環境中散步，或是坐在公園的長凳上看書，藉此親近大自然。

另一項能帶來快樂的因素是「學習新的事物」。保有好奇心且繼續學習新事物的人，比拒絕新知的人更能感到快樂。這並不代表要鑽研幾何學或其他艱澀學科，所謂的新知可以是學到與人類有關的新知識，或者是更加瞭解自己，例如閱讀一本新書、嘗試某個新的事物，或探索一個新的地方。假如你是那種將世界視為一個有趣地方的人，你也比較可能屬於更快樂的群體。

第三項變數在於「感受到某種方向」，也就是人生目標。請審慎思考你希望在人生中達成什麼樣的目標、如何將自己的潛能發揮到極限。持續的新目標，使我們感到更舒暢。帶有獎勵性質的活動，亦能獲取類似的效果，使我們做出更好的決策。簡單地說：努力朝一個目標邁進，將使你感到更開心。快樂的心理則有助於達成目標，一個良性循環就此成形。假如你還能順便幫別人一把——是的，這會讓你的快樂程度更上一層樓。

簡單地說：努力朝一個目標邁進，將使你感到更開心。快樂的心理則有助於達成目標。

也許大家都應該仔細想想：哪些事情是我們真正喜歡做的？我們享受自己所做的事情嗎？熱愛自己的工作、嗜好與休閒活動，是另一個影響你對自己人生滿意程度的重要輔助因素。對你來說，這或許意謂著更常到鄉間去，或者每週至少騰出四個晚上陪孩子讀故事書；也可能是鍛鍊、對動物的關懷、一門課程或某種娛樂。能有一些好玩、具挑戰性、使你投入的休閒活動，是非常美妙的。此外，也請盡可能在生活中多保持活動。

第五項因素是我們的「態度」。整體上，你如何看待自己、他人與這個世界？你是否傾向於以正面的眼光看待周邊的環境？你是否會注意到周遭正面、積極的氛圍？是否會將中性的事件做正面解讀？你是否記得自己曾參與過所有美好的經驗？所謂「三位一體」在心理學界被簡稱為「AIM」：注意力（Attention，看到他人與生活中的正面性質）、解讀（Interpretation，善意的詮釋，例如將玻璃杯視為「半滿」而非「只剩一半」）與記憶（Memory，記得美好的事物，而非執著於過去的不愉快經驗）。假如符合這些特質，你非常可能是個比較快樂的人，也會比較能享受人生（無論你在哪裡、用什麼方式過日子）。所以，請努力建立「正面解讀」事件的習慣——抱持感恩的心理，洞察日常生活中美好的事物。這會讓你的人生變得更好，你將會從中獲益。

另外還有一個有助於讓我們感到快樂的因素，比其他因素還要關鍵——就是我們的「人際關係」。

大家難免會覺得，有些人就是讓我們惱火。說話時，常常有人打斷我們，有些人像瘋子一樣飆車，還有無緣無故大發雷霆的配偶——但即便如此，如果他們完全不存在，我們還會想保有這個世界嗎？我們需要那些在乎我們、能讓我們關心且一同分享經驗的人。關於快樂的學術研究，也明確指出了這一點。人際關係對我們的快樂至關重要。事實在於，即使我們生活中不具備前述的多項促成快樂感的先決條件，我們還是可以感到自在。但正面積極、有益的人際關係，絕對是不可或缺的。

社會心理學家艾琳．博西德（Ellen Berscheid）曾經說過：「對人類生存來說最為關鍵的因素之一在於社交的本質，也就是我們互愛、彼此合作的能力[54]。」或許人們過去曾經這麼想過：人類能夠成為主宰地球物種的原因，在於我們進行抽象論述的能力。然而越來越多證據顯示，我們進行「社會思考」的能力，才造就今日人類的主導地位。最偉大的理念、最新潮的發明、最成功的事業與最佳的狩獵團隊通常都需要分工協作，才能將潛能發揮得淋漓盡致。

你我能夠以社會性角度進行對話，才是成功建立、並保有社會人際關係的必要條件。語言發展的目的在於與彼此共享關於周遭環境的資訊，而且這類資訊可是有針對性的。對我們而言，最為重要、必須傳播的資訊都與他人有關：群體中有哪些人值得信賴？哪些人具備什麼樣的技能？哪些人又該敬而遠之？能夠知道哪些人意氣相投、互有好感、哪些人彼此看不順眼，也是很有幫助的。得知哪些人不可靠、哪些人信得過，是非常重要、十分有價值的資訊。

由於人類在本質上是具社群性的動物，溝通方面的需求必然存在，如此一來，聊八卦的能力就成為人類語言發展中最為重要的因素之一。獲取關於哪些人值得信賴的資訊，意謂著規模較小的團體能夠獲得整併，形成較大的團體。人們亦能夠改善合作的內容，使其變得更加精細、更加深入。某人持有關於X君、Y君和Z君的第一手資訊，以及和他們相處的經驗；而在我們認識的人當中，總會有人認識X君、Y君與Z君，他們能夠告訴我們這幾個人在待人接物方面，究竟如何。

快樂是一項資源

快樂，能使我們的生活過得更輕鬆。它像是一種貨幣，能夠為人生帶來更多美好的事物。例如，快樂能夠引導我們尋求並發展人際關係，從更有創意的角度進行思考，更有好奇心，也對新的活動更感興趣。正向的心緒狀態，會使我們人生中的坡道感覺不那麼陡峭。簡單地說，假如我們保持喜悅，表現就會更好。

快樂感甚至對健康與壽命都有正面、積極的作用。這不僅僅是指快樂的人認為自己更健康而已——客觀的醫學鑑定顯示，實情確實如此。原因在於，這類型人們的免疫系統比較強健[55]。與此同時，另一種風險是：「快樂」的人出於自己的樂觀心理，沒有謹慎看待某些症狀，導致未能及時就醫。

研究人員在一項調查中，希望探究修女們的感情生活，以及這如何影響她們整體的健康狀態[56]。研究人員閱讀了修女們在二十二歲時所寫下，具私人性質的文字，並在其中搜尋可能意謂著正面或負面情感的單詞或語言。一百八十位天主教修女參與了這項研究，研究結果顯示，群體中最快樂的四分之一與最不快樂的四分之一壽命是有差距的。兩組人平均壽命的差距整整有十年之多。

研究人員亦曾對九十六位心理學家的回憶錄進行過類似分析。行文之間帶有幽默感與正面詞彙的心理學家，其壽命高出平均值六年。至於那些在回憶錄中頻繁使用「緊張」或「緊繃」等字眼的心理學家，其壽命則比平均值少了五年。

總而言之，我們的快樂感與親密的人際關係之間，有著強烈的關聯性。不過人際關係類型的重要性，就不是那麼明顯。因此，缺乏人際關係絕對可以連結到不快樂與抑鬱。

既然如此，我們在生活中和大量的人士交流，是否就是最理想的呢？不是的。研究員也觀察到，我們絕大部分的互動與交流，均集中在同樣的六個人身上[57]。即使你親自問人們的意見，他們也高度重視「少數親近、善體人意的好朋友」，對「一大堆朋友」則不那麼感興趣。總而言之，質量勝於數量。

是的，我們會尋求與彼此溝通、交流。我們尋求溫暖、親近與慰藉——然而，我們仍會在無法帶給我們上述回饋的關係中裹足不前。

孤獨是一種選擇

我們確實有可能和某個非但無法帶來實質益處，甚至反其道而行的人在一起。可能是某個虐待、不重視、不關照我們需求的人。某個甚至侮辱、貶低、輕視我們，用各種難聽字眼稱呼我們的人。這又是為什麼呢？

莫非我們的自我形象告訴我們，自己無法得到更理想的配偶？我們難道不值得擁有一段健康、充滿愛意的親密關係？難道我們相信自己的使命就是要改變這個人，而這一切追根究柢都是自己的錯，對方的行為都是合理的嗎？

上述的任何一個原因，都是可能的。另外還有一個相當重要（或許最重要？）的原因，導致人們在惡劣的關係中裹足不前：我們不願意面對孤獨。「要是沒有人要我怎麼辦？」或是「我要是想跟某個人在一起，這可是唯一的機會了。」也許你就會這麼想。

孑然一身會讓人感到痛苦，這是事實。被遺棄、被拒絕的痛楚，是非常真實的。幾項研究指出，這種痛苦或多或少堪與肉體的疼痛劃上等號。

這種社會性質的痛苦——也就是分離的痛苦——從歷史的角度上導致我們貼近自己的雙親、親近自己的子女、將自己維持在團體之中。我們對歸屬感的需求是如此強烈，以致於願意為此付出高昂的代價。例如，我們寧願過著有伴侶但不快樂的生活，反而不願意跨出關鍵的一步，過起獨身的日子[58]。

如果單身確實讓你感到痛苦，那你現在真的應該仔細聽清楚：要是你選擇停留在一段惡劣的親密關係中，你將會有什麼樣的遭遇。

首先，研究已經顯示，處於快樂的情感關係中的伴侶，比形式上處於伴侶關係卻無法相互扶持的人來得健康。一段優質的情感關係，能夠為人生帶來強烈的快樂心理[59]。但駐足於一段惡劣的情感關係之中，可能導致更極端的不快樂，以及更糟糕的健康狀態。

處於不愉快婚姻中的女性，其免疫系統較為衰弱。同樣的情形適用於與丈夫分離，但情感上仍對丈夫有所依戀的女性。

停滯在一段惡劣的關係中，
比單身還要危險。

停滯在一段惡劣的關係中，比單身還要危險[60]。假如你一生中大半時間都用於爭吵、聽到你自己有多麼糟糕、犯了多少錯誤，這將造成深遠的傷害。這些負面的互動、衝突、抨擊與不被關愛的感受，都將削弱我們的歸屬感[61]。因此，一段惡劣的親密關係給人的體驗比孤獨還要糟糕。

簡而言之：消極、無幫助的情感關係，會使我們澈底崩壞。

人類體內存在某種被稱為「端粒」（Telomere）的物體。隨著每一次的細胞分裂，這些端粒會變得越來越短。端粒變得越短，我們的身體就會越發衰老——無論實際的歲數為何。換言之，我們希望盡可能維持住端粒的長度，更絕對不希望過早失去它們。不幸的是，某些因素確實會導致端粒變短[62]。吸菸是其中一個因素，壓力則是另外一個因素，但請再補上一個因素：消極、毀滅性的情感關係。以雙胞胎為對象的研究顯示，雙胞胎手足之間的關係好或壞足以影響身體老化的幅度，差距甚至可以達到十年。

「共依存症」（Codepedency，又稱「互累症」）是一種狀態，指與親密生活的人產生不健康的依賴，這也可能發生於危險的情感關係中。共同依存者忙於操縱、應付依存者。其中一方根據另一方的需求調整自己的個性與行為。那麼，為什麼要這樣做呢？因為人們總是相信「這樣或許有幫助」。

隱藏於共依存症背後的事實是，當我們沒有可以照顧的對象時，會體驗到空虛感。你可能有著負面的自我形象、極少關注自己的需求、將他人利益置於自身利益之前，且致力於協助解決其他人的問題。也許你的本性忠誠、富有同理心，因此難以設定界限、加以拒絕，且不適應親密的溝通——談論情感與你自身的需求。情況也可能是，你被拖進這段充滿毀滅性的關係，深陷其中，難以自拔。這一切都可能導致你彷彿被吸進毀滅的漩渦。

共依存者的日常生活總是圍繞著對方的脾氣、意志與需求——並持續不斷地調整自己，使這段關係變成人生的全部。維持一段具毀滅性的情感關係，簡直就是一份全職工作。它構成你的身分與認同，這一切都將使你更加難以自拔，彷彿已經在過程中迷失了自己。

然後，你還抱持微小的希望：對方或許會改變。

假如你單純地展現自己友好、可親、安適的一面，相信愛情足以改變一切，此時務必要捫心自問：「情況真的會好轉嗎？到底有什麼跡象顯示，一切正在朝對的方向發展？」

也許，你自以為見到了正面的跡象，例如當事人剛享受了愉快的一晚：「我們昨晚去餐廳吃飯，那真是溫馨、美好的一晚。」

又或者，你們剛度過愉快的一週：「現在，已經一連幾天都很平靜（甚至還有點甜蜜）了。」

不幸的是，自欺欺人總是很容易。

在你我之間，情況真正產生變化的機率又有多高呢？

你們初次相遇的情形，也有重大的意義。

第一印象的分量很重要，且能根據「初相識時是如此美好」的事實，使這段關係沉浸在一片粉紅色的光輝之中。

這樣一來，你當然會希望一切「能夠恢復到跟以前一樣」。你想必也對這段關係投入許多精力，經過這麼多年的付出、血淚與汗水以後，你恐怕不想率先放棄：「我希望一切不要付諸東流。」感覺上，沒有伴侶的生活太不安穩，因此這個你所熟悉的煉獄看起來仍然像是較佳的選項。

到最後你還是得做決定——留在原地、繼續過著悲慘的生活，還是揮別過去、重新來過？假如你意識到自己值得更好的對待，而子女（假如你們有子女的話）需要在一個正面的環境下成長（你總不希望他們重蹈你的覆轍吧？）並且確立了這個想法，你就會發現，人生還有許多值得追尋、深具意義的事物——它們都比挽救一個已經無可救藥的人更加有趣。

良好關係需要保持平衡

雖然，我們對於自己是否處於情感關係中的共依存症狀常常毫無自覺，但仍能感受到自己是否處在一段消極的關係中。無論如何，請思考下列問題：你們之間的積極性，是否多於消極性？

當然，某些消極性的本質要比其他類型的消極性更嚴峻、更具毀滅性。但根據心理學家約翰·戈特曼（John Gottman）提出的「成功婚姻的七個原則」，情感關係中的積極性與消極性比例一般應維持在五比一。換句話說，每出現五次正面、積極的互動，就會伴隨一次消極的互動。我們就將它想像成五件積極的事情對一件消極的事情。

約翰·戈特曼與羅伯特·列文森（Robert Levenson）在一九七〇年代對配偶進行研究時，發現了這一點[63]。

他們要求這些夫妻在十五分鐘內解決一場衝突，然後他們便退回幕後、進行觀察。九年之後，他們已經蒐集到相當可觀的資料，因而能夠以百分之九十的準確度預測：哪幾對夫妻能夠挺住、哪幾對最終又會分道揚鑣。

他們發現，快樂與不快樂的夫妻之間的差別在於衝突中積極與消極互動的平衡點。能留住愛情的平衡點為五比一。

能夠駕馭情感的高手強調積極性、歡笑與遊戲感——因為這會使情感的連結朝正確的方向定調。假如衝突過程中正面與負面互動的平衡點落在一比一，這就是警訊——這對夫妻會在離婚的邊緣徘徊。但一比五的數字並非靜態的，也不適用於所有類型的關係。雙親與（尚未成年的）子女之間的平衡點應保持在三比一；主管與雇員之間應保持在四比一；朋友之間的平衡點則應維持在八比一。

我還是想指出，情感關係中的憤怒在現代聽來或許很危險，但它實際上並非那樣危險。具有危險性的是以批評或輕蔑表現的憤怒，以及有防衛意圖的憤怒也很危險。總之，關鍵點在於「如何」表達憤怒。實際上，真正負面的互動在於從情感上拒絕對方、批判或採防衛姿態，或者大翻白眼。

請牢牢記住，消極性是十分強烈的，你需要耗費許多精力才能將它抹除。因此，理想的平衡點才會定在五比一。當衝突仍舊爆發、傷害必須獲得修補時，對你們而言最有用的工具就是同理心與認可。

情感關係相當順利的夫妻處理內部衝突的方式，與情感不順的夫妻相異。首先，他們以比較柔軟的姿態開啟（衝突）。接著，他們藉由強調這段關係中的正面事物、通過大大小小的方式（在衝突中）持續進行修補，做法包括表現出善意（開放式問題與頷首同意——這並沒有什麼困難之處）、表達摯愛、用行動表達配偶的重要性（許多友善的手勢能夠建立，並維持一道緩衝區，有助於我們保持在積極的一面）、表達讚賞之意（聚焦於配偶的正面特質，以及美好、正面的經驗）。

身處衝突中時，很重要的一點是，找尋雙方意見一致的部分、展現同理心、尋求諒

> **使人感到慶幸的是：情感關係與快樂是一條雙向的渠道，它們彼此影響、相互強化。快樂的人擁有更優質的人際關係；優質的人際關係則使我們更加快樂。**

解，接納伴侶的觀點，以及——是的，你沒有看錯——開開玩笑。你選擇的搞笑點可以極盡荒謬之能事，但找到一個能一起歡笑的機會，能夠撫平所有（升溫的）衝突。然而，請確保你們所選擇的搞笑點本質上仍是充滿敬意與讚賞之意，且能讓雙方會心一笑的。

結論在於，請選擇成為一個致力尋求良性平衡的人（不管你處於哪一種關係之中）。但請務必記住，積極性與正面的話語，必須是誠摯、發自內心的。假如你仍然覺得自己必須提及某項負面的特質，請批評當事人的行為，而非其人格。

使人感到慶幸的是，情感關係與快樂是一條雙向的渠道，它們彼此影響、相互強化。快樂的人擁有更優質的人際關係；優質的人際關係則使我們更加快樂。請記住，你若能在關係中營造更多正面、積極的行動與情緒，這段關係（以及你們兩人）都將變得更快樂、也更加穩定。

受歡迎的感覺讓人快樂

與他人之間保持安適的關係，以及他人對我們的喜歡、崇拜與敬愛，對整體身心健康十分重要。多項研究被用以探討大腦對不同類型的訊息如何反應[64]。

在一項實驗中，參與者將接收到不同類型的訊息，同時被連結到一部機器上。這部機器的任務在於量測參與實驗者對這些訊息的反應。這些訊息是由與受測者親近的人（家庭成員、朋友與其他重要人士）所撰寫。被傳送的訊息可分為兩類：第一類是「不帶有情感色彩的訊息」（例如「你的頭髮是褐色的」），第二類則是直接指涉參與實驗者、「帶有正面情感的訊息」（例如「你是唯一在乎我、勝於在乎自己的人」）。

實驗的受測者讀到由一系列親近人士所發送的大量「問候」。機器所判讀的結果顯示：大腦被帶有情感色彩訊息所刺激的部分，也正是會被日常生活中其他獎勵所刺激到的部分。

該項研究結束以後，參與實驗者被問到是否願意付錢，以便再度收到這樣的文字。使人驚嘆的是，一大部分受測者願意全額退還他們因為參與本項實驗所獲得的報酬。

上述研究探討我們的親朋好友對我們的看法。不過，陌生人（對我們）的意見是否能產生相同效果？令人驚訝的是，答案是肯定的。在某項研究中，實驗人員讓參與者觀看螢幕上幾張陌生的面孔。參與者先看到一張臉的圖片，而後才會被告知圖片中的人是否渴望和他們聊天。此時受測者大腦的獎勵機制中心便被啟動了——即使受測者其實不願意和圖片中的人進行溝通，其腦部的獎勵機制中心仍然會被啟動[65]。

所以，即使我們實際上沒意願交流的陌生人說喜歡我們時，仍然會啟動我們的獎勵機制中心。許多研究顯示，我們對他人的認可及正面評價的渴望是如此強烈，以致於這幾乎顯得有點不自在。此外，當這項需求被量測時，它似乎比對金錢的需索還要強烈。這也許是交友軟體如此受歡迎的原因之一，就算不打算和發訊息給我們的人約會，我們仍然獲得了肯定。

現在，假如這種社交回饋是如此的具有分量，我們為何不在與職員、學生及家庭成員互動時更頻繁地運用這項知識呢？我們可以更慷慨些，不吝於讚美身邊的人。這會讓他們的心情變得很好。

慷慨與自私的距離

黛安娜王妃去世時，全世界陷入一片哀痛，而英國大眾的傷痛尤其明顯。皇室和女王被指控為冷漠——「他們毫無同理心可言」。在車禍事故發生之前「追逐」黛安娜與其情人座車（目的在於順利拍到照片）的一眾媒體，被指控為置黛安娜於死地的罪魁禍首。民眾如喪考妣，陷入某種深沉、集體性的傷痛。這種全國性、近乎沸騰、癱瘓社會的悲痛，可說是前所未見的。人們以近乎朝聖的方式前往白金漢宮，致上鮮花與信函，集體痛哭失聲。在此同時，白金漢宮升旗的場合與時機受限於嚴格的規定，根據法律，這個場合並不需有升旗儀式，這讓英國人震怒不已，人們萬眾一心地要求：「降半旗*！」

* 編註：所謂「降半旗」，是先將旗子升起後，再降下旗子橫幅長度的一半高度，因此仍稱為「升旗儀式」。

幾天過去了，升旗儀式並未舉行。報章雜誌刊載了大量惱怒、充斥指控意味的文章，大眾越發認定皇室是「麻木不仁」的，國內的仇恨、敵對氣氛越來越強烈。民眾的怒火指向皇室成員，他們對此的解讀是，黛安娜是人民的王妃，而她在死後仍然不被皇室歡迎。皇室於黛安娜在世時與她保持距離，在她死後，皇室似乎仍繼續使用同樣的方式對待她。

一兩天後，儀式突然舉行了，皇室最終屈服於人民的要求。黛安娜王妃獲得了尊嚴，這是民眾與皇室之間和解、協同的第一步。假如那位情感上極度內斂的女王沒有在黛安娜王妃於巴黎悲劇性過世以後的第五天，發表電視直播的談話，假如她未能傳達出正確的情感——同理心、尊敬與悲痛——英國皇室與人民之間的關係也許將永遠無法彌補。但女王展現了同理心（即使是以她那典型、內斂的方式表達），也展現對民眾的悲痛、要求降半旗的理解。雖然黛安娜王妃過世前已不再是女王兒子的妻子，但她的過世只能以這樣的方式來應對。

葬禮的儀式結束後，黛安娜的棺木被送上靈車、從教堂運出、行經女王前方時，電視攝影鏡頭捕捉到女王一個細微、但極為關鍵的動作——她以一種顯然出於直覺的方式鞠躬。她想必是不假思索就這麼做了，但這個簡單且意義深長的動作在全國造成了迴響。人們需要見到：他們的女王與他們一同哀悼。

皇室經由這場前所未有的悲劇，和民眾建立了一層新的關係。然而，結果本來可能是截然不同的。

信任遊戲

現實中的人性，又是怎麼一回事呢？大抵上，人性究竟是善還是惡呢？我們到底是慷慨的，還是自私的？

這或許並不是個簡單的問題，但可以這麼說：當我們思考在一個情境下該如何行動、面對一個兩難的處境，必須決斷某個行動是對還是錯——我們體內的某種化學物質將會影響抉擇。該物質被稱為催產素，它決定我們的行為對他人的友善程度，也能夠刺激人際與社交連結的化學物質。你可以憑藉自己的力量，影響體內的催產素濃度。我們即將探討這個步驟該如何進行，不過在此之前，先來看一個針對催產素的實驗。

美國神經經濟學家保羅．札克（Paul J. Zak）曾在其著作《道德分子》（*The Trust Molecule*，暫譯）中，描述過一項實驗。該實驗提出的問題是：一個人與他人分享金錢的意願有多高[66]？這項實驗中測試了另一個更有趣的問題：血液中的催產素濃度，是否會影響我們慷慨的程度？

這個「信任遊戲」按照下列方式進行：實驗的參與者在真正開始受測以前就獲悉，他們將要做出金錢相關的決定。參與者和其他大約十五個受測者，一同被迎進一個比較大的房間。他們彼此互不相識，每個人都擁有自己專屬的小隔間。隔間內設置一部電腦，受測者可以在螢幕上閱讀說明。

讓我們想像一下，你是其中一名受測者。你最先知道的資訊是：你的遊戲帳戶剛收到了十塊美金，只要參與，就能獲得這筆錢。你可以選擇保留這些錢，而你也將獲悉，在實驗進行過程中有機會替自己的帳戶賺進更多錢。你的電腦很快會向一名隨機選出、匿名的實驗參與者，索取更多的金錢。電腦會寄送請求給某位參與者——我們假設寄給亞德里安——並且詢問他，是否願意考慮將一部分他的錢，甚至將十塊美金全部送給另一個匿名的玩家（在這個情況下，你是收款人）。

現在，你也許會提出這個問題：「他為什麼要這樣做？」根據規則，亞德里安選擇寄給你的金額只要一到達你的帳戶，就會增值三倍。換句話說，亞德里安有機會讓你變得更有錢。亞德里安這麼做，難道是完全無私、利他的表現嗎？不，並不完全是這樣。根據規則，如果他選擇撥款給你，你將會被詢問：願不願意給亞德里安一些回饋？在這個脈絡下，請務必記住：你目前能夠拿到這些錢唯一的原因，在於亞德里安選擇給你這筆金額。現在，重要的問題來了：你是否會回報亞德里安的慈悲心？也就是說，我們是否能夠認定，你會投桃報李？

我們還應該補充說明，沒有任何社會壓力迫使你付錢給亞德里安做為回饋。由於你匿名參與本項實驗，而電腦也隱藏哪些人做了哪些事情，沒有任何因素逼迫你對其他受測者表現出自己最佳的行為。你不知道是誰給你錢，對方也不知道是誰給他錢，就連實驗主持人都不知情，只能透過數字代碼辨識參與者。

總之，只有你本人知道自己在做什麼。你本人和你自己的良心，將會決定你是否對其他參與者做出回饋。遊戲結束時，也只有你本人會知道，自己在實驗過程中賺進了多少錢。

從經濟學的角度來看，過程大致上是如此：

亞德里安從自己的十美金中抽出兩塊，付給你。也就是說，除了一開始的十美金以外，你現在新增了六美金（亞德里安撥出的兩塊美金一進入你的帳戶，就翻了三倍。這意謂著你總共有十六塊美金）。亞德里安還剩八塊美金，並希望能從你這邊得到一些回饋。你不知道是誰給了你兩塊美金，也不知道你應該要感謝誰。你決定，在這種脈絡下唯一夠體面的做法，是將增額（六塊美金）的一半做為回饋金。擁有八塊美金的亞德里安，如今從你手上收回三美金（總共是十一美金）。你（手中有十三美金）和亞德里安（手中有十一美金）現有的金額都多於遊戲剛開始時。這是「雙贏」的局面。同時你完全有權利、高度自私地選擇不為亞德里安的慷慨做出回饋，保留你從他手上拿到的一切獲利。這將導致你的帳戶裡有十六美金、亞德里安只有八塊美金。你和亞德里安都不知道自己和誰打交道，當實驗結束時也無須感到羞恥。

隨著金額逐漸增加，這項實驗變得更加刺激。如果亞德里安充滿信任感，選擇將他所有的錢（十塊美金）全都撥給你，你帳戶上收到的金額將是三十美金，而你將擁有四十美金。假如你的本性夠公正，你就會與亞德里安平分，他將能收回十五塊美金。另一方面，要是你夠無恥，你就會保留一切，帶著整整四十塊美金退場。往後你是否能靠這種行為模式活下來，是另外一回事，但你完全可以自己作主。

關鍵的問題在於，如果你沒有義務表現出值得信任、可靠的一面，也沒人知道你是否可信，你是否會對一個陌生個體向你展現的信任做出回饋，真正從你口袋裡掏出錢來？

研究人員也曾為了性別差異調查的目的，執行過這項實驗。率先從自己手中撥出款項的人，被稱為玩家A。帳戶收到玩家A撥發款項的一方，被稱為玩家B。身為玩家B的男性，回饋金額的平均值為百分之二十五。當女性處於同一身分（玩家B）時，她們會撥出百分之四十二的金額做為回饋。除此之外，回饋率比此還要少的男性更是大有人在。足足有百分之三十的男性只撥出百分之十的金額做為回饋；選擇如此冷漠對待其他玩家的女性僅占百分之十三。更糟的還不只如此，整整有百分之二十四的男性完全一毛不拔，不撥發任何回饋金。能辦到同一件功績的女性則只占總數的百分之七。這項實驗藉由抽血量測催產素濃度，撥發的金額則顯示當事人的慷慨程度。

還有一項研究明確顯示，催產素強化伴侶關係的建立。當兩個人相遇，且最終成為伴侶時，他們體內的催產素總量是增加的。催產素濃度越高，肢體上的親密程度就越高，兩人在行為上同步化的程度也越高。同時，這段情感關係將能更持久，這對伴侶也能有更快樂的體驗（根據研究團隊的觀察）。

這些實驗是否意謂著，催產素就是情感關係的成功要件？嗯，情況看來確實是如此。催產素主導了親社會性與社交技能。親社會性被定義為「意圖使自己以外的他者獲益的一系列廣泛行為，包括協助、安慰、分享與合作」[67]。在相當程度上，它與分享、助人、合作、遵守規則、自我調整以便適應為社會所接納等行為連結在一起，也就是與協助他人，或對社會整體有所幫助的行為。

善良是否與生俱來

我在一段時間以前曾讀到一篇報導：就讀某所幼兒園的小朋友，要為彼此按摩一、兩分鐘。我們在職場上與家庭生活中，可以藉由展現對彼此的信賴與重視，提高對方體內的催產素濃度。當體內的催產素濃度升高時，我們的反應就會更加的善體人意[68]。

研究人員曾經在數項實驗中觀察到：正確、適當的刺激會誘使催產素的分泌，而其分泌隨後就會開始減退。根據某些研究，催產素的殘留時間可達一個半小時[69]；而根據其他某幾項實驗，催產素的殘留時間甚至更長[70]（然而，其中有多項實驗使用鼻內催產素，也就是讓參與實驗者以鼻子吸入催產素。其攝入的劑量可能相當高，以致於催產素在這種情況下的殘留時間比人們擁抱彼此後，體內催產素的殘留時間要長）。

在信任遊戲實驗中，玩家A對玩家B所展現的信賴（以及玩家B因而收到的款項）導致玩家B體內的催產素濃度提升到頂點，而後就迅速衰退。研究人員也觀察到，玩家B（接受餽贈者）體內的催產素濃度與對其表達信賴者（亦即身為餽贈者的玩家A）給予回饋的傾向之間，存在直接關聯性。玩家A匯入玩家B帳戶的金額，產生了這樣的效果。另一個影響催產素濃度的因素在於，玩家A匯給玩家B的金額越大，玩家B體內的催產素濃度就越高，這會導致A得到更多的回饋金。

簡言之，信賴越強烈，體內的催產素濃度就越高、感覺越良好。

影響我們體內催產素濃度的，還不只是肢體觸碰或其他人的信任而已。我們出生時，體內對催產素的基因就各有不同。能夠被觀察到的現象是，某些基因導致體內有比較大量的催產素，或較多數量能夠吸納體內催產素的受器。擁有這些遺傳基因的人較傾向於維持穩定、單一伴侶的情感關係，擔任家長時更主動且負責任，更擅長納入他人的觀點（也就是說，從他人的角度來看待事物——這是自我中心的相反），且更有同理心。

關於同理心與催產素濃度的差異，甚至存在於兩性之間。女人當然也會犯罪、被列入警政署的案底與資料庫、對伴侶不忠，虐待自己的子女——但程度其實不及男性。與男性相比，她們更可信賴、更有同理心，更在乎他人；此外，在一系列不同的情境下，她們也較為慷慨，在與慈善事業有關的場合也比較仁慈[71]。

分辨自己人與其他人

不管是面對哪一些人，對關係的需求當然不僅止於完全不加批評的盲從。我們的大腦越發達，針對哪些人能夠被視為交流對象的標準就越苛刻，催產素的運作也因我們當下周邊共處的對象而有所不同。這對人類而言是有利的，因為我們實際上只能信任在過去表現可靠的對象，而不是其他人。

催產素能協助我們解讀各式各樣的社交情境，以及這些情境中細微的變化。我們可以這樣說：催產素的作用類似某種社交（與道德上的）路標，指引我們應該要怎麼做，才不至於落入危險的情境。催產素甚至能強化母子關係（它想必也能強化父子關係，但我的訊息來源並未講述這一層），以及單一配偶的情感關係。催產素減少壓力與焦慮，增加信任與社交聯繫，讓我們變得更慷慨、更樂意與他人合作。換句話說，無論是在什麼樣的家庭或工作場所，它都是完美的成分。

> **我們可以這樣說：催產素的作用類似某種社交（與道德上的）路標，指引我們應該要怎麼做，才不至於落入危險的情境。**

可是（我們得強調這個「可是」！）催產素並非是百分之百完善、能夠放諸四海皆準的愛情荷爾蒙。它其實只會增加對被我們視為同好（亦即屬於我們自身的群體，被我們視為「自己人」）者的親社會性，一旦面對他者，催產素反而讓我們變得惹人討厭且更加仇外。讀到這些內容可就不怎麼使人愉悅了。

也許催產素的發展就是要增強社交能力，以辨識哪些人是「我們」，並且確認哪些人又屬於「他們」。過去，這對生存的機會來說至關重要。但今日，它可能會為我們製造問題。幸運的是，我們可以自行決定，要將哪些人視為「我們」的一分子。

這在職場上很實用，因為這是一項讓人際關係運作順暢的關鍵能力。這項選擇的方法，在於我們根據經驗，判別出哪些人與我們相似。一種方式是反映彼此的肢體語言或說話的模式；另一種方式是發現我們對某些事物的看法一致（態度上的相似性），或喜歡從事類似的活動（活動上的相似性）。

信任與肢體接觸都會激發我們體內的催產素，產生一種平靜、親近的感覺。這有助於我們解讀自己所處的社交情境，並發現當中細微的變化。催產素的作用在於擔任某種社交性質的路標，告訴我們該如何行動，才不會陷入使人不快且危機四伏的情境。然而，催產素會更加強化已經存在的傾向：原本慷慨的人變得更加慷慨，但本來就不那麼慷慨的人仍然不那麼慷慨。

當催產素分泌時，面對那些被認定為「我們」的個體，行為會更友善，也更加慷慨。我們會變得更樂意合作，更體貼。假如我們之間爆發過爭吵，重修舊好會變得比較容易。

假如我們觀察動物的生活，就會發現多種所謂的「和解行為」。這是動物在發生爭吵，或經過某種負面互動以後，所採取的行動。這類行為可能是坐在彼此身邊、替對方梳理、清理彼此的毛皮，或是坐得比往常更貼近彼此。這樣的溫存，有助於牠們和解，讓心情重新轉好。

TIPS

動機駕馭指南：人際關係篇

當我們要形容究竟是哪些因素讓人類與其他物種相較顯得獨特時，通常會想起語言、論述與講理的能力，以及可以彎曲的大拇指（這的確是一項特殊的性質，使我們能夠抓握物體）等。

然而，在數千年間伴隨人類一路走來的，想必還是人類具有社交性的一面。這也是一項能夠被追溯到人類起源的特質——它甚至能被追溯到最原始的哺乳類動物在地球上出現（近兩億五千萬年前）時。

哺乳類動物的歷史進程顯示，我們身上的社交特質一而再、再而三地帶來生存上的優勢。人類社交的天性之所以能夠延續、發展，關鍵在於它有利於存活與繁衍。因為會淪為猛獸目標的，並不是物種群體中最笨的，甚至也不是動作最緩慢的個體，而是無法完全合群的個體——也就是和團體脫節、遭到冷落的個體。這樣一來，會發生什麼事呢？

當一隻綿羊離開自己的群體時，牠會感到恐慌，體內分泌出壓力激素（皮質醇）。當牠重新和群體會合時，體內就會停止分泌皮質醇，被催產素取而代之。就連人類都需要他人的存在，才能獲取良好的感受，當我們親近彼此時，催產素就會獎勵我們。從表面上來說，大家能夠在一起，感覺就是比較好。一同追蹤猛獸的動向，是比單獨行動更容易成功的策略。生活在群體中的人找到更多富含養分的糧食，所生的嬰兒也較少夭折。不能加入群體，對我們來說可能意謂著死亡，群體成為一種防護，我們的生活變得更好。

> 哺乳類動物的歷史進程顯示，我們身上的社交特質一而再、再而三地帶來生存上的優勢。

對人際關係的追求協助我們存活，也可能促使我們採取對自己無益的行為、決策與情感。

即便如此，下面幾項建議仍將有助於改善你的人生！

在家裡或工作場所這麼做

1 聚焦在相似點

我們都希望能夠融入、喜好與他人一樣的事物，甚至在外貌上追求同質性。如果我們與他人相似，這意謂著我們和他們是同一國的，將形成一種歸屬感。屬於群體的一分子，代表我們生存的可能性將會提高。假如我們瞭解自己確實有這樣的需求，會較勇於嘗試、奮力一搏。我的建議是：聚焦在能夠反映你們之間相同點的談話主題、看法與活動。

2 模仿對方

鏡像效應（也就是模仿某人的行為）會讓我們更加喜歡彼此，增加達成共識的機會。這將會創造出聯繫感，成為某種社會黏著劑，將人們聯繫起來。

3 選擇接受影響力的對象

你選擇關注哪些事物、午餐吃些什麼，以及你鍛鍊健身的頻率，都會受到周遭人士的做法影響。當你準備做決定時，當然會受到家人與朋友們的意見左右。另一項對我們有強大影響力的因素，在於社會地位顯赫人士的行動[72]。假如你希望從「正確的」方向影響自己，就請讓自己受到與你有相同價值觀、你認同或敬仰的對象影響。

4 選擇影響你的推動力

社會影響力從兩個方面影響我們：模仿他人，或讓自己顯得獨特。而且，有一種現象叫做「虛榮效應」（Snob Effect），越多人使用某種物品，我們購買或使用該物品的興趣就越低落。下次你準備要購物時，請想清楚：影響你的究竟是哪些力量？

5 表達讚賞之意

我們聽到別人喜歡自己時，反應是很強烈的。許多研究指出：我們高度渴望受到他人的喜愛，以及他們所給予的正面評價——一句「幹得好」或拍拍肩膀。除此之外，這種獎勵的作用似乎比金錢還要強烈。直接指向我們且充滿正面情感的訊息，會啟動大腦的一部分區域（也正是受到其他形式獎勵時會被刺激的區域）。就算是我們不打算往來的陌生人說喜歡我們，我們大腦中的獎勵機制中心仍然會被啟動。所以，請開口告訴其他人，他們表現很好，或者提及你很欣賞某人。

6 **處理在社交場合被拒絕的情境**

派對時穿著「錯誤的」服裝到場，想法和其他人都不一樣，或者在重要的演說當中出錯——我們經歷這種情節時，多少都覺得很不是滋味。與眾不同就等同於犯錯、承擔不被群體接納的風險。假如你瞭解這種恐懼感從何而來，就能更輕鬆地處理它。這麼一來，與眾不同將不再讓你感到不自在。

7 **調節自己的孤獨**

人類的存活策略就是團體生活，因此，我們對孤獨的反應相當強烈。假如我們對此有所自覺，就能夠比較輕鬆地處理孤獨感。同時也必須理解，不管我們怎麼做，和別人共處時的總體感受就是會比較好。假如你在日常生活中獨處的時間過多，不妨試著插入一點具有社交性質的活動。

8 致力經營為數不多卻深入的關係

研究人員已經得出結論：會影響健康的，是我們與他人關係的品質，而非數量[73]。

9 學習處理曝光程度

我們越常見到某個事物（文本、廣告訊息與建築物），就會越喜歡它。假如你想讓某人對你有興趣，請確保當事人與你之間的接觸——你們可以見面、聯繫，或者讓當事人看到你的照片。同時，我們仍然要心存警戒，幾次約會以後，即使你實際上完全不想動真心，情感仍會開始萌芽。

10 多想一下，而不僅僅是跟從

有時我們並不確定應該如何是好——該怎麼辦，以及該做出哪些決定。在這種情況下，我們經常把目光投向他人：他們怎麼做？這麼一來，其他人的行為與決策就會操控我們。這為我們節省時間與精力。癥結點在於，幾項研究顯示，即使在某些情況下明明就知道正確的答案，還是會跟從團體的意見（就算這個意見剛好是錯誤的）。當你下次正準備要遵循「其他人」的做法時，請停下腳步，思考一下：這對我來說是對的嗎？這是我想做的嗎？這真的是我的想法嗎？

11 打斷社會影響力的力量

在工作場所，有時我們必須遏阻社會影響力的力量，方能做出較佳的決策。幾個小建議——確保個人意見的私密性（例如，使用匿名問卷調查）、勇於當出頭鳥（率先發言者的意見會像船舶的錨一樣，對最終的決議發揮重大影響力）、在開會前就事先佈局（我們可以在會議前與每一名與會者單獨談話，影響一整群人的意見）、在規模較小的團隊中執行任務（團隊規模較小，使每一名成員的意見變得較有分量）。

12 勇於進行不同的思考

假如你並不同意他人的說法，請勇於讓你的聲音被聽見。也許不贊同某個意見的人不只有你一個，而你可以成為打破這項成規的第一人。只要一名異議者敢於發聲，更多人就會響應。

13 在觀眾面前採取行動

當其他人（無論我們是否與他們合作）在現場時，我們的表現比較好。總之請確保在採取重要行動時，或希望讓某人表現更好時，有觀眾在場。同樣的道理，假如你想要影響某人的慷慨程度，請盡可能確保這些行為公開發生，因為慷慨的人傾向於對外在的讚賞眼光有所依賴，由多巴胺所推動的（獎勵）機制，會在有觀看者在場時受到激勵。在公車站貼上一對眼睛的圖片（而不是花朵的圖片），這樣一來，民眾會更傾向於將那裡的垃圾清乾淨[74]。

14 受到些微的落後所激勵

曾在一場比賽中某個時間點上略微落後、看似正在輸球的隊伍，最終獲勝的機率較高。當你在工作中進度落後時，請善用這種傾向來提高鬥志，進而提升在學校或在工作崗位的表現。向你所屬的團隊描述這種心理學機制，並善用它，使它成為推動重大成就的燃料。

15 不要（在一開始就）放棄

人際間的比較不僅會增加鬥志，同時也會降低士氣，促使我們放棄（尤其當我們正在全面潰敗的時候）。如果中途退出比賽，就沒有人知道我們一旦跑完全程，表現會有多糟。這是某種用來避免丟臉的防衛機制。

16 只與小型群體進行比較

給人一種與他人的比較感，能夠讓他們更加努力，表現得更好。然而，一旦誤用了這種方式，我們反而會喪失興趣，進而放棄。因此請不要用「贏者全拿」（亦即最終只有一個人會得到獎勵）的方案來誘發這種心理傾向，如果這樣做，只能激勵那些有機會一步登頂的人，而所有沒機會直接登上榜首的人都會失去動力。竅門在於將本來規模較大的團體變小，且將比較的範圍侷限在這些小團體內，讓大家都覺得自己有機會。

17 給予擁抱

擁抱、按摩或性行為都能提升催產素。這會讓我們的行動變得較仁慈，也較有同理心。就連動物、人群和「數位化的人際關係」都能誘使我們的身體分泌催產素。在真實的人際關係中，受到背叛的風險總是存在的——但動物不會背棄我們。

18
信任對方

當你展現出對某人的信任時，她／他體內的催產素濃度將會升高。當事人因此而更有可能敞開心胸，你們將能建構出更優質的關係。在和同事們開會前，或和子女發生衝突時，請注意這一點。當然，你得確保自己是個可靠的人。

19
處理棘手的關係

我們就是跟某些人處不來，但我們可以自己想辦法，將這些人際關係帶往一個較好的方向。先從簡短的眼神接觸開始。第二天，你可以評論天氣。第三天時，你可以提到某個在新聞上聽到的消息，同時面帶微笑。在這段人際關係感覺「OK」以前，需要時間培養。但如果你們之間保持中性的聯繫，不向彼此發洩怒氣，也不急著談論涉及私事的話題，你們的關係在數星期後想必就會添加新的模式。保持耐性，穩紮穩打。

20
丟棄毀滅性的關係

停留在一段惡劣的關係中會導致極度的不快樂與健康狀態的下滑。假如你意識到自己理應獲得更好的對待，而且孩子們（假如你們有子女的話）需要在一個正面的環境中成長，你將會發現：人生中還有其他值得追求、更有意義的事情，而且比試圖改變一個不受教的人來得有趣。

21 拿捏八卦的分寸

八卦是一種關注團體動態的方式，也是無須從每個人身上獲得第一手資訊的省力方法。知道哪些人本性善良、哪些人不可信，當然是一條迴避不可靠、危險人物的捷徑。同時，八卦當然也具有破壞力。

22 讓所有的人都參加遊戲

由於社會隔離和我們的生存感有著密切的關聯性，我們對於被排擠在外的反應是很強烈的。感覺自己被排擠的人會變得不那麼慷慨，也不那麼具有同理心。所以，就邀請所有人加入遊戲吧。

CHAPTER TWO

／

地位

對人類而言，為什麼「地位」如此有趣？答案在於，地位協助我們存活，甚至繁衍後代。歷史上享有更高地位的人優先享用食物、有最舒服的睡鋪，同時也是更有趣的配偶。

不幸的是，對地位的追求有其負面效應。其中一項是：我們會相互比較。第二項負面效應是：我們會不惜血本，努力和有權勢的人結盟。當別人獲得成就時，我們的心情會比較差；我們也會努力展現出自己比實際上還要有成就的樣子[75]。

地位是一項富有強烈人性的動機。大自然的天擇效應已將人類發展成一種致力追求且關注地位的生物。神經化學物質藉由在獲得成就與更多影響力時帶來的正面情緒，操縱我們，使我們在乎地位；它也藉由我們在遭遇失敗，或者發現其他人遠比自己有成就時體驗到的負面情緒操控我們。

追求地位沒有什麼不妥。它存在於我們的血液中，當我們本人或子女獲得成就時，我們也會繼續感到驕傲。我希望大家可以思考的是，對地位的追求在哪些情境下會變成對我們不利的方向，導致自己誤入歧途。而我們當然可以採取某些措施，來平衡追求地位與權勢的動機。

地位的定義

「地位」意指我們**在社會上的位置**。這個字來自拉丁文單詞 status，它是拉丁文動詞 stare 的過去完成式，意指「站立」。與地位意義相近的詞彙包括權力、統治與影響力。

若採用比較狹隘的定義，這個單詞意指我們在某個團體中，職業或法律意義上的位階。換句話說，它可以指我們在舞蹈社團、工作場所或鄰人之中的位置。若採用比較廣泛（想必也更為適當）的定義，它意指我們在外界眼中所處的位置。歷史上，地位可與社會上不同的群體有關：貴族、獵人、權貴階層。在當代社會中，則與經濟成就的關聯性越來越強烈。

我們與地位之間的關係，可以透過「領導者」與「追隨者」的指數來衡量。

我們與地位之間的關係，可以透過「領導者」與「追隨者」的指數來衡量。那些領導者通常認為自己很有抱負、充滿影響力、努力工作；追隨者通常認為自己很謙恭、關照他人。即使如此，要想找到一個完全不希望擁有任何影響力，在有意見時完全不希望有表達機會的人，還是很困難的。

如果想要瞭解對地位的需求如何表現在我們的生活中，可以看看三名不同人士的生活境況。

首先，**戴維**現年三十五歲，經營自己的公司已達八年。他和妻子與三歲的女兒住在市區以南的一處郊區。今年春天，他買了一輛新車，而且是那種眾人會轉身凝視的新車。鄰居們交頭接耳：

「你看到戴維的新車了嗎？」

「我覺得這應該是他租的，他怎麼可能過得這麼爽。」

「明明就有別的用錢方式，何必花這麼多錢買車呢？」

其他人鼓譟起來：「新車，炫喔！」

某些表面上鼓掌叫好的人，實際上仍然有自己的意見。大多數人其實都有自己的想法，很少人是絕對中立的。

這個故事還沒完呢。戴維來自瑞典北部諾爾蘭省（Norrland）的一個小鎮。每年夏天，他都習慣回到老家住上一、兩個星期（這幾乎成了一項傳統）。他小時候就已經這樣做，即使如今已經是成年人，他仍繼續這麼做。今年夏天、七月份的一個清晨，當戴維拎著家當與行李，將其塞進新車時，他突然有個新的想法。裝載就緒後，一切整裝待發，許多個小時過後，車輛與所有裝備抵達了諾爾蘭省。

戴維通常會走捷徑，開回自己童年的老家，避免駛過村裡規模較小的中心聚落；但這一次，他並沒有選擇捷徑。他直接開進村鎮的中心，鎮上只有一條大街。這條主大街以圓環做為開端，盡頭也是圓環。這兩道圓環之間有著三家超市、一間公營酒精販賣部、一家書局、一座舊圖書館，和一、兩家規模較小的特色商店。鎮上所有人都彼此熟悉，當戴維透過擋風玻璃看見昔日的一名同窗走在人行道上時，他全身上下充滿了喜悅感。戴維舉起手來，比了一個問候的手勢。這位老朋友起先沒弄明白是誰在跟他打招呼，因此向車內張望，接著才看見戴維熟悉的面孔。這位男士驚訝地向他回禮。戴維的心臟怦怦直跳，心中充滿了快感。

茱莉亞在一所位於瑞典南部的學校上學，就讀國中三年級。她屬於被稱為「潮女」的一群人。在各種形式的群體中，總是有人比較合得來，友情也由此而發展。青春期時，我們總感覺教室裡的「派系」劃分特別明顯。或者說，影視產業成功地以略顯誇張、充滿刻板印象的方式讓我們獲取這種體驗：潮女們、型男們、運動健將們，還有書呆子們。

有好幾個因素導致茱莉亞被他人認為很「潮」。她勇往直前、充滿自信心，對事情有清楚的主見，也能夠拒絕、劃清界限。除此之外她有時會在週末喝啤酒，並與一名男高中生約會。從青少年的角度來看，她具備足以被視為「潮女」的絕大多數條件。

班上另外三個女生也相當「潮」，但都沒有茱莉亞那麼潮。茱莉亞是這些女生心中的榜樣，無論在衣著還是意見方面，都是學校裡的主導者之一。那些在課間休息時能和茱莉亞一起玩的學生，位階就自動晉升了。

珍妮佛與**阿瑪迪斯**在十四年前相遇，結婚已有十一年之久。他們膝下育有一男一女，年齡分別為九歲與十一歲。珍妮佛經營自己的公司已達四年，那是一家新創企業，被視為不確定性最高的企業形式之一。這些年來，他們一路跌跌撞撞，一切當然很刺激、很有趣，但經濟上是很艱困的。

但從一年前，一切開始改變。珍妮佛與她的團隊共同開發並推出一項產品。他們售出少量產品，從最初的使用者獲取心得與回饋，進行一部分調整，而後推出了新版本。每推出一個新版本，銷售數字便持續增加；他們不斷推陳出新，並且在三個月前推出了一種擁有巨大潛力的產品。媒體與投資人的興趣，如今終於兌現。總算等到這一天了！

在珍妮佛追求理想的過程中，做為配偶的阿瑪迪斯始終鼓勵她、支持她。然而，最近這幾個月以來，情況似乎生變了，夫妻倆的衝突頻率及次數多於過往，阿瑪迪斯相當惱怒，一下抱怨這個、一下抱怨那個，那個擅長鼓勵人的阿瑪迪斯，像是消失了。

共同的關鍵字

貫串戴維、茱莉亞，以及珍妮佛和阿瑪迪斯故事的主線，是什麼呢？關鍵字在於地位、權力與影響力。

戴維開著新車時，感覺自己更有成就（相形之下，舊車無法彰顯高度的社會地位）。開著新車出現，帶給他一種滿足感，獲得他人的尊敬，使他體內分泌血清素。這一點在他的老家、在與他一同成長的同學面前，變得特別明顯。

茱莉亞是班上最有地位的學生，班上其他人都想與她結盟。原因在於，這種盟友關係亦能增加她們的地位。我們藉由社群媒體，也能達到這一點，例如接觸到藝術家或其他具有影響力的人士。企業付錢確保具有影響力的人士與他們的產品一同登場，原因無他，這類人就是有權力影響我們與其他人的消費選擇。

只要認識對的人、在對的地方出現，一連串的門都將為你而開。當代許多最有權勢的人，都是藉由經營與具高度社會地位者的關係，以及與「對」的人聯繫，來建立自己的位階。對人類來說，這種做法並不稀奇，同一現象也出現在黑猩猩的群體中。取得權力的方式，並非總是藉由展示力量與打鬥，一隻黑猩猩或兩隻處於敵對狀態的黑猩猩邁向權位的路程，通常是經由與其他黑猩猩建立關係。

自從珍妮佛的事業開始蒸蒸日上，珍妮佛與阿瑪迪斯的衝突就越來越多。珍妮佛的成就使阿瑪迪斯自感低人一等，彷彿自己在階級上一路降了好幾層（即使實質上並未如此）——原因就在於珍妮佛往上提高了一階。但相較之下，此刻的阿瑪迪斯就少了一分權威，甚至變得比較失敗（在他自己眼中看來）。

權位的失衡會腐蝕一段關係。當雙方處於大致上相同的位階時，事情就變得簡單許多。學者將這個現象取名為「社會交換論」（Social Exchange Theory），意指兩人之間的資源交換。例如，從歷史的角度來看，女人肉體的美色與男性的財富或地位相匹配[76]。同時，研究與實驗均顯示，我們在社會上越平等，這些所謂男性與女性之間的交換就會變得更具有同質性。這不再僅限於女性的美貌與男性的地位[77]。

過於明顯的地位差異使我們感到困擾。事實已經顯示，成為養家活口的那一方，或至少賺進全家開支所需的百分之五十，對我們來說是很重要的。我們有所貢獻，還是在經濟上處於依附地位？我們能夠有所給予，還是只能被動接受？

> 我們在階級中的地位越高，就能獲得更多資源，進而增加存活的機會。

階級為什麼存在

擁有社會地位是美好的。人們會聽我們的，也能獲得更多資源、自由、時間，或許更重要的一點是，那種受人喜歡、被視為有價值的感覺。其他人會因我們的笑話哈哈大笑（即使這些笑話並不好笑），我們會收到派對邀請函，得到關注與尊重。

你我都可以努力提高自己的階級，但從歷史的角度來看，人出生在不同的社會階層，所具備的社會主宰力也有所差異。當人類還生活在草原上時，某些人就已經擁有話語權，這樣的人就是領袖，群眾則會跟隨他們。某些人強取豪奪，有些人則溫順地等待輪到自己的時間；有些人冒險，也有人則不這麼做。

作家羅伯特・M・薩波斯基曾經將階級形容為「一道將有限資源的不均等供應形式化的排序系統」[78]。這裡的資源，意指從食物到包括聲望等更抽象的事物在內的一切。

當一個人分析自己周邊環境不同的社會脈絡，找尋能夠增加取得食物、更安穩的棲息地、更多擇偶機會的安全方式時，社會階級就開始形成。我們在階級中的地位越高，就能獲得更多資源，進而增加存活的機會。追根究柢，這事關我們盡力增加存活與繁衍後代的機會。

關於階級為什麼存在的提問，有兩種答案。一個答案是，「一旦所有成員都知道自己的位置，整個物種將會受益」，另一種解釋為，「如果所有人都知道自己的位置，個體將會受益」。

某些物種組織，是由一名至高無上的領袖與其他個體構成的。這些「其他個體」彼此之間的關係是平等的。有些物種的分級則更為細密：至高無上者、二號人物、三號、四號，依此類推。例如，如果你排在第四位，你前面的人是一號還是三號人物對你而言實質意義不大，但你需要與這兩人打好關係。假如你在酒吧裡，而你是三號人物，你會知道，當一號人物已經走向你也想要接近並攀談的對象時，不要跟著蹭上前，擋在兩個人中間。不過，幾杯啤酒下肚以後，你或許就敢這麼做了（因為你用人工的方式增加自信心，暫時自以為是一號人物）。

讓我們看看人類以外其他物種內部的階級制度。牠們有著什麼樣的階級呢？動物物種之間的階級，感覺上比人類的階級更明顯。兩隻狒狒看到一粒多汁的果實，極其誘人地懸掛在枝頭上。牠們都想得到這粒果實，但誰能夠如願呢？當然是順位最高的那隻狒狒。要是狒狒之間不存在階級（一種穩定的權力結構），就會爆發衝突。其中一隻狒狒會受傷，或是兩敗俱傷；情況嚴重的話，甚至會死掉。這很消耗精力，對個體與群體也不好。

現在請想像一下，那隻位階較低的狒狒因為一時的神智錯亂，又或者這隻狒狒已有一段時間離群索居了，忘記自己所處的階級。這時，我們就會碰到問題，會發生什麼事呢？也許你會想，「是啊，準備要吵架了。」其實，吵架不一定是必要的。在這種場合，那隻地位較高的狒狒通常只需要比劃一個象徵性的動作，顯示自己的權威，就足以避免衝突。牠顯示，自己是兩者之間的較強者。在不同的物種之中，彰顯權力的動作可能相當不同。

階級或許曾經救你一命

群體生活保護人類，使其免受猛獸威脅，但用餐時，情況就很複雜了。階級讓事情變得簡單，天擇過程製造出擅於在群體中，藉由階級與合作存活的大腦——每一個人都知道自己的位置。我知道自己何時可以大快朵頤、何時又應該退讓。歷史上，這些階級制度很有可能曾挽救過你老祖宗的性命。

下次你身處社交場合時，試著用階級的眼光觀察事件發生的過程。想想看，如果涉事的各方在階級中的位置，和他們實際上所處的位置不同，情況會不會不一樣。而實際情形也不那麼簡單，我們可能在不只一種階級系統中占有一席之地。我們當中的絕大多數人屬於數種不同的階級系統，在這一點上，人類做為物種，是很獨特的。

情況可能會是這樣——我在某個情境下屬於階級X，在另一個情境下屬於階級Y，在第三種情境下屬於階級Z。你也許是自己所在縣市企業足球隊的教練，在那裡有很高的位階，你可是教練呢！不過，你在家裡有另外一種位置，而在工作場所，你的位階則可能排在最末端。

我認識一位成年後才搬到瑞典定居的朋友，他曾經提過，他在自己的母國擔任醫師，地位頗高、薪水誘人。在瑞典，他則是計程車司機。他講瑞典語時帶有外國人的口音，而這強化別人對他能力的質疑，認為他沒有相應的技能。正如我們所知，刻板印象影響我們對彼此的看法。當他回母國度假時，親戚們都認為他很有錢，期望他能藉由不同方式在經濟上提供贊助。在那裡，他又陷入了另一種階級系統。

但我們最喜歡哪一種階級呢？我們當然傾向強調自己居於最高位階的群體。那些位階比我們高的人威脅我們的目標，因為他們能先享用食物、對潛在的配偶來說也更誘人。我們在處於高階與低階時，感受可是不一樣的。因此，人們在查看其他人的 Facebook 動態與更新後，一般來說心情都會變差。大家的生活似乎都過得超棒的（因為我們很少發布關於自己離婚、衝突與失敗的內容）。

新世界中的古老動機

天擇的過程已經將人類發展成一種積極關注自身地位的生物。相反地，一隻爬蟲類動物對另一隻爬蟲毫無溫暖的感情可言，因為牠們沒有大腦邊緣系統（亦即大腦主宰情感的部分，隸屬於中央神經系統，由杏仁核、海馬體與下丘腦所組成），牠們的神經系統對猛獸（威脅）抱持警戒，但對屬於同一物種的同族者（潛在的朋友）沒有友情般的感覺。大腦邊緣系統是對同類抱有正面情感的先決條件。

但哺乳類動物也並非總是那麼喜歡自己的同類。我們對眾人的觀感不一，同時也對他人進行一系列不同的社會性評估。

所有哺乳類動物都有（在某些情況下，體積相當小的）大腦皮質。皮質亦即大腦皮層，構成大腦的外部，存在於所有脊椎動物身上。大腦眾多較為複雜的功能（如記憶、語言、思考與專注力）都和這個部分息息相關。皮質讓我們有機會抑制衝動，並以經過學習

> 天擇的過程已經將人類發展成一種積極關注自身地位的生物。

得知的行為取代衝動。總而言之，我們可以學習改善我們的行為，並根據面前的人來調整行為。

我們可以這麼說：動物做出反應時，並沒有特意壓抑自己的神經化學物質。更多的皮質（人類也確實擁有更多皮質）意謂著更有能力創造出有別於機械化、自動化反應的替代選項。但即使我們的行為並不是那麼具有反射性，大腦邊緣系統仍然存在，並且一直從幕後操控我們的行動。

我們的動機是古老的，且在歷史的進程中，使我們獲益良多。今天，我們的生活型態已經與往昔不同，因此必須學習在自己身處的新世界中，與這些古老的動機共處。

我可以舉例比較當代的世界與早期人類的生活，藉此看出兩者的不同。首先，當時的人類實行群居制（規模介於五十人到一百五十人之間），會在不同地點之間遷徙、建立原始而簡易的住所；今天，地球上大多數人定居於城市內，在同一個定點居住較長時間（甚至可能一輩子定居在同一個地方）。早期的人類終其一生會見到一、兩百人，也許至多見過一千人左右，這些人之間，彼此所見所聞約略是相同的；今天，我們一輩子能夠見到來自全世界各地的數百萬人。早期人類的平均壽命約為三十歲，但有一半的人在成為青少年以前就死去；當今全球男性的平均壽命為七十歲以上，女性則超過七十五歲。

早期人類必須保持敏銳度與警戒心，並檢查周遭環境是否存在危險，方能存活；今日，我們將這項特質視為一種問題。如今，不讓自己分心才是更重要的能力。

我可以繼續以同樣的方式，列舉各式各樣的特質。我們的環境在短期之內，經歷了重大的轉變，是的，從演化學的角度來看，一、兩千年或一、兩百年是很短的時間。結果就是，我們今日所生活的環境與人類發展、演化所針對的環境，是截然不同的。我們絕對稱不上具備「絕佳」的適應機制，我們必須瞭解到，這為人類帶來一系列與上述三項動機有關聯性的問題。

無所不在的比較

十月，一個風雨交加的秋日，我和朋友派爾在歷史悠久、位於動物園島（Djurgården）*的烏拉．溫貝德餐廳訂位。時間是上午十一點半，當我出現時，派爾已被服務生帶至預定好的桌位。我看到他，彼此高興地打招呼，就座。

過了一會兒，我們聊到車子。我才剛將自己的車子送檢，一切功能均正常，但仍須接受全面保養。我問派爾，他是否知道哪裡有提供這項全面而廣泛的服務，且物美價廉。他還沒直接回答我的問題，我就從他的臉部表情看出，他想到有趣的話題了。他開始講起自己人生中的某段時期，那時他在一家汽車修理與服務廠旁邊租了一間辦公室。

「辦公室位於利丁厄（Lidingö）**，那裡並不缺乏精美的名車。那些昂貴的轎車，保養起來也很燒錢的。」派爾開始說。

我才回了一句「ＯＫ」，並露出困惑的表情，派爾就繼續說下去。

「妳一定認為，要是一個人買得起昂貴的名車，想必也有錢進行車輛保修，對不對？」

「是啊，那當然。這樣才合理嘛。」我回答。

「在現實生活中，許多人的情況恰好相反，」他糾正我，「購車的金額當然是分期付款，但服務與保修並不是。」

這時派爾點的肉丸上菜了，他加快速度解釋著。

「是的，安潔拉，瘋狂的地方在於，客戶沒錢為愛車定期進行維修。那些出現在汽車修理廠的客戶當中，有些人的車胎早已完全磨損，而他們沒錢買新的，還是繼續開。從遠處觀看，這樣好像很風光，但這些車主在競逐地位的過程中，借貸額度都達到了上限，導致他們沒錢為愛車提供必要的保修服務。為什麼會變成這樣呢？嗯，因為許多人在自己的鄰居買了新車時會想：我可不能比輪別人。」他做了結論。

---

* 譯註：位於瑞典斯德哥爾摩市區的小島，為昔日皇室狩獵之地。今為景點雲集的觀光重鎮。

** 譯註：位於斯德哥爾摩市郊東北的小島，為一隸屬斯德哥爾摩省管轄的獨立自治市。

處處都是競技場

我們對彼此的影響力竟如此強烈，這看起來很有喜感。最近，我到妹妹瑪麗安娜（Mariana Ahola）家中，參加她女兒的派對。瑪麗安娜的同事瑪格妲蓮娜也帶著自己的三個小孩出席派對，她描述了最近受邀參加的另一場兒童慶祝派對。

相對來說，兒童慶祝派對算是比較簡單的社交場合，但瑪格妲蓮娜孩子們參加的那場派對可完全不一樣。那是一場不惜血本的派對，家長僱用了一名小丑，錦上添花的是，還有一位知名的瑞典藝人到現場演出。當然，小朋友們全都興奮莫名，他們索取簽名，告訴爸媽：「這真是最——棒的派對！」門檻就這麼奠定了，往後（甚至可能是好幾年內）的派對，都會被拿來和這場做比較，這場派對成為衡量的標準。

不只有成年人會相互比較，就連小孩之間，也有劃分階級的現象。他／她們或許會比較彼此的背包、橡皮擦或髮夾。誰擁有的數量最多？誰的尺寸最大？誰最光鮮亮眼？誰的東西最稀罕？不過在背後推動這些過程的，其實是家長。他們想弄出一個超級盛大、但小朋友們長大後就會淡忘的派對，或者說，他們別有目的。也許他們想要對著其他家長們展示自己辦得到，以及他們夠有錢。

我們常受到情緒的操縱

生存並非易事，我們必須藉由正確的行動，主動確保自己的生存。從你出生的第一口氣到嚥下最後一口氣以前，大腦不斷試圖回答這個問題：我的下一步該怎麼走？我必須做哪些事情？

在某種意義上，我們並不關心昨天發生了什麼，重點在於現在與將來。我的下一步該怎麼走，才是最佳選項呢？

在日常生活中透過五種感官獲取資訊，除此之外，記憶與經驗也協助我們。但回憶與感官知覺將會指向情感，而後情感將協助我們決定方向，以回答這個問題：「該怎麼做才是最妥當的？」

我在本書中提到的三項動機，都緊密地連結到我們的情感。而情感又會連結到我們的神經化學。

那些籌資舉辦盛大派對的家長在將一切付諸實現時，心中想必會感受到一陣暢快。但是各式各樣的階級與比較無所不在，作家有專屬的階級；頂尖運動員有專屬的階級；農民也有階級。無論我們喜歡與否，只要有一群人聚集，階級就會不由自主地形成。我們也自動與彼此相比較：誰的西裝最貴？誰在搭電梯時想到的推銷辭令最棒？誰能喝最多杯的shot？誰又能夠在一場派對上比腕力時撂倒最多對手？

在社群媒體存在以前，我們對其他人的成就一無所知。當時要感到自滿、發現自己多麼出色、產生「我真是太棒了」的想法，是比較容易的。今天我們可是和全世界比較，這本身就有點讓人悶悶不樂。

突然間，我無法在自己設想的群體中保持第九名的位置。在刷完Instagram各式各樣的動態更新以後，我直接跌到第四百零九名。

> 這三項動機都緊密地連結到我們的情感。而情感又會連結到我們的神經化學。

地位帶來快樂

十六世紀義大利歷史學家弗朗切斯科・圭洽迪尼（Francesco Guicciardini）曾經說過：

假如你正在從事重要、緊急的事務，你必須不斷掩藏自己的失敗，並且誇大你所獲得的

> 成就。這是欺騙行為。但由於你的命運更常取決於其他人的意見，而非客觀事實，營造出情勢大好、進展順利的印象不失為一個好主意。[79]

我並不是鼓勵大家說謊，但我們的確經常這麼做。

我們能夠瞬間就解讀出人際間的地位，但如果權力關係有所變化，而我們並不確切知道是誰站在地位階級制度的最高階，或者權力關係模糊不清，這對我們來說就有點麻煩。

怎麼說呢？

首先，杏仁核（深層且古老的腦部結構）的反應方式，是原始、強調衝動性的。而前額葉皮質（大腦中較新的部分）同時以另一種方式運作——它著重思考與控制。兩者在對人際間地位關係的判讀上，都相當重要。隨著人類物種的地位差異與社會關係變得越來越複雜，前額葉皮質也不斷發展。我們就是需要一顆容量可觀的大腦，才能判別人與人之間權力關係當中不同的基調。

根據我們所處的群體與脈絡，知道自己的地位可以有不同的意涵。我們必須付出相當的努力，才能順利地晉升到高階的位置，也必須能夠轉換觀點，從他人的眼裡由外向內地檢視自己，同時必須要能控制衝動，節制自己的各種情緒。而且，如果我們感覺確實有必要，也許還得不時使用欺騙與威嚇的手法。

我們喜歡談論的話題也反映對地位的高度關注。通常，這就是所謂的八卦。八卦最主要與地位有關：她是否失去過往曾擁有的地位，或升了一階？他則繼承一筆遺產，或贏得了某個東西。這是非常自然的，我們實際上不需為此感到羞愧，這是一種合乎邏輯的自身利益——將身邊的階級景觀盡收眼底，能為我們指引方向。

針對大腦的研究顯示，我們更樂於挖掘有權有勢者的想法，而非一般人的想法[80]，畢竟這些人的意見更有分量。我們想和這些有地位的人士交朋友，原因在於和顯赫者結盟對自身地位有益。而我們也傾向於和他們有著類似的想法與意見。

多巴胺出現在一系列調節喜悅、熱忱、動機、專注度、肌肉活動力與警覺性的重要系統中。多巴胺在大腦的獎勵機制中扮演重要角色，同時也攸關人類的存續。一旦沒有了這項攸關生死、具有警示性質的分泌物，我們就無力繁衍後代或找尋食物。

當恆河猴（一種主要生存於亞洲，長尾猴屬的猿猴）的地位獲得提升時，由多巴胺驅動的系統將受到刺激，這隻猴子會感到暢快，而同樣的道理也適用於人類。多巴胺就是地位帶給我們的獎勵。考試高分過關、在派對上發表成功的演說、被主管讚賞工作績效、購入一輛新車，或成立自己的企業——這一切都會增加我們體內多巴胺的分泌。

非理性的抉擇

我認識一位和善、富有同情心、自己經營企業的家長，不幸的是，他的事業並不怎麼順利。他努力奮鬥，盡力在期限之內付清各種帳單，然而，總是會有零星的帳單被送交瑞典債務催討執行機關。他總是落後好幾步，各種帳單、增值稅與客戶榨乾了他所有的注意力。然而，他還是衝鋒陷陣。這時你也許會納悶，「他為什麼不結束事業呢？他已經奮鬥了八年，都沒有轉虧為盈啊？」

沒錯，你的問題非常正當。但是，這個故事還沒結束呢！四個月前，他答應以每月一筆可觀的租金，租用一個辦公場所。這導致支出再度加重，壓力越來越龐大。但是，這個行為使他感到自己更加有地位：「瞧，我的辦公室多麼大、多麼氣派！」如此一來，他體內就分泌更濃的多巴胺。某種詭異的現象，存在於這場經濟危機之中。這詭異的現象讓他自我感覺良好，甚至可能讓他（在不知不覺中）有了這些想法：「現在，我租下了這間大型辦公室。這不僅是辦公室，還是超大的私人基地。朋友們一定會很佩服我，我的位階肯定會提升的。之後我得為此付上一大筆錢，但就先不想這麼多了。」

在所有的決策中，我們並非總是理性，情感與動機在駕馭我們。神經化學是有其功能的，因此，我們才有這項機制。但是，它相當不適合人類現在的生活方式，與對我們有助的思維相比，它更顯得狹隘。

我們為什麼見不得別人好

當鄰居的職業生涯加速起飛，或某個認識的人變得比自己更受歡迎時，我們很容易就為此感到不是滋味。其他人的成功似乎同時意謂著，我們自己變得不那麼有成就——至少和這位當事人相較時。這同時代表，那些讓我們感到負面情緒的神經化學物質就會被分泌。

> 其他人的成功似乎同時意謂著，我們自己變得不那麼有成就。

在我眼裡，光是知道這個事實就是一種收穫。這給我們（在自己心中）合理化這些反應的理由。我們也許覺得自己輸人家一截，我們或許感到嫉妒、羨慕，不過這也不一定，我們也許反而為了擁有這麼一位事業起飛的朋友或鄰居，感到驕傲。

我們現在談論的是結構與模式——對地位的追求，就是最基本的一種追求。這並不意謂所有人，或在所有情境下都會以這種方式因應。哲學家艾倫．狄波頓（Alain de Botton）在其著作《我愛身分地位》（*Status Anxiety*）中寫道，經濟不景氣、失業、退休、升遷及與同事們聊天，經常引發我們的焦慮與某種和地位有關的壓力。那是一種對自身現在處於過低的位階，或正在往下降級的憂慮感。

不幸的是，我們對自己的理解，在很大的程度上，取決於別人對我們的看法。一般來說，我們比較信任外界表現出來的尊敬與喜愛。這種對自身價值的不確定性，彷彿與生俱來，因此，外界的關注與認可對我們看待自己的方式極為關鍵。我們的身分認同，彷彿有一部分掌握在他人手裡。自我或自尊幾乎就像一只正在洩氣的氣球，必須持續從外界獲得關愛，才能充氣。對於批評，以及被忽視、不在乎、不被看見的感覺，我們是很脆弱的。反之，當察覺到某人記得我們的名字、生日或我們喜歡香辣洋芋片時，那該是何等喜悅！

我們剛出生時，存在本身就是一件美好的事。但隨著年歲漸增，他人對我們的興趣越發強烈地連結到我們的表現上。在學校或在足球場上的優秀表現，都與這一點有關係。如果地位難以取得，要終其一生保有地位就更加困難。唯有藉由繼續拿出好表現，才能維持高度的地位，但在那些由血統決定個人地位的社會中，這一點就不適用。

我們的比較，也引出另外一個有趣的現象：我們選擇性地接收資訊，同時也選擇性地避開某些特定訊息。我們比較樂於接收關於那些成就不如我們的人的資訊。

研究人員在一項研究中，讓受測者瀏覽其他受測者的答案——包括成績比當事人高或低的其他受測者。然後，發生了什麼事呢？受測者忽略那些分數比他們高的受測者，反而花更多時間瀏覽表現比他們差的受測者成績。所以下列論點或可成立：「假如我的成績是C，但是和另一個成績是D*的人相較之下，好像也沒那麼糟糕。[81]」

那我們又該如何調節這些情緒呢？

正確的第一步是，意識到我們就是這樣。

當別人過得更好、有成就時，我們的心情會變差。只要能夠認知到這一點，我們就會比較輕鬆（這種情緒是自動生成的）。我們也可以將同一種感覺用來驅策自己的表現（噢，天啊！大家都這麼用功、屢創佳績，我最好也學著點）。當然，這也取決於你在自己的職業生涯中希望達成哪些目標。

另一種處理這種情況的方式，在於採用這種想法：「能夠有這麼一位成功、有抱負的鄰居，我是多麼榮幸啊。這位鄰居是整個社區的驕傲啊！」鄰居的成就與快樂，可以使所有和他往來的人有所提升。

但到了最後，或許我們當中大多數人都必須調整自尊心。對自己表現感到滿意的人，比較不會因為他人的成就感到不快、有所動搖。同時我們也必須意識到，你的成就會讓他人自慚形穢。若是能夠想到這一點，也會比較理想。

* 譯註：瑞典的高中與大學以上（高等教育）成績等第中，A至E為及格成績、F則為不及格。

高處不勝寒嗎？

當研究人員針對軍旅中的人們進行研究時，他們發現，地位越高的人（和那些地位較低的人相比）焦慮與不安度較低，他們體驗的控制感也較高。

然而，就像針對其他事物一樣——真正的原因是什麼？是位階，還是他們剛好擁有不受壓力干擾的性格[82]？當我們處於最高階的地位時，感覺真的最暢快嗎？當我們地位最低時，心情就真的最惡劣嗎？

事實上，處於中間地帶的人壓力最大。承受最多壓力的，正是那些不上不下的中階主管。這些處於中間地帶的人被迫聽從來自高位者的指令，同時他們也負有責任，必須督促那些位階低於自己的人執行來自高層的命令。處於中階者責任重大卻沒有多少實權。這樣的組合，極易造成與壓力有關的疾病——長期的壓力會使我們生病。

假如你想要減輕壓力，請避免落入中階位置。請向上爬升，或保持在能夠避開一大堆

（必須為職員負起）責任的位置。

一項探討地位與健康之間關聯性的研究顯示，如果一個夠高的位階意謂著眾多下屬與大量的權威，高位確實意謂著較少的壓力與焦慮感[83]，然而，必須應對並監管大量的下屬並不會帶來這些正面的結果。如果我們考慮到存在於某些國家的威權式領導風格與瑞典更民主式的領導風格，在瑞典當主管是比較辛苦的。

總而言之，假如你想藉由權力獲取最大的健康正面效應，請確保自己不必對人負責。反之，請像個無所不在的領主一樣在工作單位遊走，直接下達指令以避免和他們進行任何惱人、繁瑣的互動。但是，這種劇情可能出現在現實生活中嗎？

人往高處爬時無所不用其極

研究人員將一種特質定名為ＳＤＯ（Social Dominance Orientation，社會優勢取向）。它探討一個人對權力與名聲的關注程度，我們大家多少都認識幾個ＳＤＯ傾向特別強烈的人，且常常覺得他們很惱人。不管怎樣，對一個不那麼在乎名聲與權力的人來講，這種人是很煩人的。同時，如果某些人在特定領域的表現很耀眼，技藝達到爐火純青，我們通常會給予此人地位（與較高的薪資）。這種方式，感覺完全合情合理。

我們越在乎地位與權力，就越不在乎別人。這是整體上的趨勢。

再回來談談那些難以搞定、只關注權力的人吧！首先，一個人越是追求權力，就越難以對境遇不如自己的人抱有同理心。你甚至可以從這個人的腦中，直接觀察出這個現象。當你遇見一個情緒上感到痛苦的人時，你大腦中的兩個區域會受到刺激，如此一來，你會感到針對當事人的同情，並對造成其痛苦的人感到厭惡。一個人的SDO傾向越強烈，大腦內這些區域受刺激的程度就越低。換句話說，我們越在乎地位與權力，就越不在乎別人。這是整體上的趨勢。

當我讀到一篇標題為〈你低人一等，不值得我們關注〉[84]的科學專文時，不禁想到一位朋友的朋友（此人顯然只關注權力）。他進行交流或試圖打交道的對象都是著迷於追求身分地位的人。那些（在他眼裡）不算是「大人物」的人，根本就不值得他花時間，要是某個場合有利可圖——沒錯，他會馬上出現，開始汲汲營營起來。

另外一個引人入勝的層面，也值得我們留意：個性決定對位階的體驗。我們的個性也以同樣的方式，影響我們在感到挫折時是否會把他人（那些不巧就在我們近旁的可憐蟲）

當成出氣筒。我非常確信，你一定知道自己周遭哪些人習慣用悲觀的角度看事情、哪些人則比較樂觀。同樣的道理，某些人會因為自己只拿到第二名，沒能奪冠就大吵大鬧，但有些人可能會覺得：「嘿嘿，你們看，我至少沒敬陪末座嘛！」

每個人都是不同的個體，總而言之，個性會影響地位與健康之間的關聯性。舉個例子，你可以想像一下，某人在階級體系中占有某個位置。假設此人是你的直屬主管愛米麗亞，她剛好也是工作單位裡的中階主管當中，位階較低的。如果愛米麗亞符合下列條件，她的健康狀態將會惡化：

- 對新事物有點太過敏感。
- 在稀鬆平常的事物中發現威脅（而這些事物實際上一點威脅性也沒有）。
- 未能善用機會，發揮社會控制力。
- 未能看出好消息與壞消息之間的區別。
- 缺乏宣洩自身挫折感的社交管道。

換句話說，這是她的危險因子，這五項特質使我們心情變差。

但假如愛米麗亞有下列傾向，她會比較健康：

- 保持較親近的人際關係。

以及（或者）：

- 情緒失控、有攻擊性時，其下屬有人能夠充當出氣筒（如果出現這種情況，希望你不會是那個出氣筒）。

你是某人的出氣包嗎

犯罪學家會區分衝動之下的施暴行為，以及精心策劃的暴行；人類學家感興趣的是攻擊行為中的組織程度──戰爭、氏族之間的仇殺、謀殺，一些其他的觀點則對回應挑釁行為的反擊與隨機、突發的攻擊行為做出區分。被盛怒與情緒操控的攻擊行為，以及冷血且純粹為手段性的暴行，也都是存在的。

還有那種「我不是針對你個人」的攻擊行為。這屬於單純針對較弱勢者，或剛好在施暴者壓力最大、挫折感最嚴重時路過的人的攻擊行為。這種情況下，這樣的可憐蟲很可能就會挨上一頓。

實驗已經顯示，假如對一隻老鼠施以電刑，牠非常可能會咬住自己所見到第一隻體型比牠小的老鼠。當一隻地位次等的狒狒被一隻至高無上的狒狒打敗時，牠會旋即追殺另一隻地位更低的狒狒並與其爭吵。這隻地位更低的成年狒狒，則會攻擊一隻未成年的同類。

我們這麼說吧！不幸的是，在失業率飆高的同時，家暴事件的數量是增加的。經濟問題導致相同的情節，婦女和小孩飽受折磨。假如某人支持的足球隊意外輸球，同樣的事情也會發生。這種情況下，配偶之間的暴力行為增加百分之十（這是與該球隊贏球或在不被看好的情況下輸球的情形相較，所得出的數字）[85]。

這種「第三方攻擊行為」是由壓力和挫折感所誘發的。很可悲的是，它似乎無所不在。它以一系列不同的形式存在，也存在於不同的物種內。最糟糕的是，這種搞錯對象的攻擊行為其實可以降低加害者體內的壓力激素濃度。換句話說，他／她由於（對一個無辜的他者）發洩，心情的確會變得稍微好一點。就連以老鼠為對象的研究都顯示，咬了同伴的老鼠，其體內的壓力激素濃度會有所減少[86]。

壓力引發惡意

壓力也讓我們變得更自私。在那些將人們安置於不同情境下的研究中，受測者壓力越大，他們的行為就越自私；浮動的情感越強烈，我們的行為就越自私。

多項研究均顯示，壓力似乎會減少個體的同理心——這一點適用於動物與人類身上。

同時，有些人處於極大化的壓力下時，其最動人、崇高的特質反而會被激發出來。這樣的例子，當然是存在的。

社會心理學家P・J・亨利（P. J. Henry）曾經發表過一篇專文。他在專文中指出：地位低下的個體，展現暴力行為的傾向更高[87]。他以一種被稱為「低地位補償理論」（Low-status Compensation Theory）的模式來解釋這種現象。根據這項理論，地位低下的人和處於地位較高群體的人們相比，更加投入所謂的心理自我保護機制。地位已經夠高的人不需要為了更高的地位打架，他們可以好整以暇。而那些地位極為低下的人，則更容易感到自己受威脅。他們努力保有自己手上殘留的一點地位，及那已經支離破碎的社會價值。

地位低下的個體對於在社交場合被拒絕也更為敏感，而且（在更大程度上）會掃視自己周遭的環境、檢視是否有被拒絕的跡象。對於羞辱與個人威脅，他們的反應更迅速，也更加暴力。

說到抵抗對刺激直覺性的反應、規劃行動，以及思考行為所導致的後果，我們的前額葉皮質扮演了重要的角色。這還牽涉到同理心、適應不同社交情境，以及根據自身經驗與長期目標處理資訊的能力。當我們的前額葉皮質陷入疲乏之時，它無力遏阻那些更原始（有時甚至更邪惡）的傾向。當我們的意志力飽受折磨時，我們周遭的人也是在受苦的，請設想一下，最近你周遭是否有人肚子餓、疲倦、壓力大，或者陷入危機？如果有，當事人的行為又是如何呢？

當我們感受到壓力時，體內會分泌皮質醇。它是壓力荷爾蒙之一。孤獨、失望或低血糖等因素，都會刺激皮質醇的分泌。任誰都遇過因為飢餓而脾氣變得暴躁乖戾的人。也就是說，飢餓通常讓我們變得不怎麼慷慨，且更具攻擊性[88]。

另一個狀況則發生在我們全心全意關注某件事情時。好幾項研究顯示，當前額葉皮質被迫處理在認知上相當費勁的任務時，我們會變得更加具有攻擊性，同理心則會隨之降低[89]，也變得不那麼慷慨與誠實。換句話說，在心理上相當吃重的任務會降低血糖濃度。

如何保有權力

我們達到某個地位以後，當然會想要保住它。所以，該藉由何種方式保有權力？社交技能和尖銳的牙齒，哪個才是最重要的？

有趣之處在於，有助於我們保住權位的技能，和那些使我們登上權位的技能是不一樣的。這需要社交智慧，以及控制衝動。我們必須要能夠評估，哪些挑釁行為是可以忽成功奪取權位的關鍵常是肌肉、利齒、時機巧妙的攻擊，以及打架能力。然而，保持權力與社交技能的關係較為密切。

略的、哪些又是應該加以處理的。我們必須瞭解他人的行為，以及隱藏在他們行為背後的動機。我們也必須判別，哪些盟友關係是應該要建立的。

所以，成功奪取權位的關鍵常是肌肉、利齒、時機巧妙的攻擊，以及打架能力。然而，保持權力與社交技能的關係較為密切。當你想給人一種散發出權威氣息、充滿才能的印象時，請記住這一點。一個真正有權威的人是平靜、沉著的，即使面對狂風，他仍然屹立不搖。

當追求地位的慾望凌駕一切

我們當中絕大多數人，三不五時都會做白日夢。這些白日夢可以與我們所喜歡的人、旅遊、樂透彩中獎、即將舉行的派對或其他感覺很棒的事情有關。但有一個特定的主題，重複出現在我們的白日夢之中——那就是成功，也就是我們達成某個目標，或辦到某件事情的情境。幻想著未來甚至可以是如此舒服，以致於我們寧願讓這一切停留在白日夢，而不那麼願意採取必要的行動，努力在現實中實現這一切。

我們做著關於成功與地位的白日夢。當我們在晚宴上被問到「你從事什麼工作？」時，回答某些職業感覺比其他職業更舒服。許多人可以考慮不怎麼吸引人，但蘊含社會地位的工作，或者那些地位不怎麼崇高，但薪水仍然優渥（讓他們有錢購買名牌奢侈品）的工作。

諾貝爾經濟學獎得主夏仙義（John Harsanyi）曾經說：「若不列入經濟優勢，社會地位恐怕是人類行為背後最重要的推手。」

社會中的地位差異越明顯，我們就越專注於地位。神經科學學者葛詹尼加（Michael Gazzaniga）宣稱：「我們每天早上起床時，腦中所想的多半是地位，也就是我們和周遭人士之間的關係[90]。」

金錢與快樂的關係

抓起手機，打開社群媒體網站，你最先看到的是老同學安德瑞亞在陽光燦爛的沙灘上自拍；你的鄰居也分享了一張照片，不過那張圖片是一杯綠色的果昔，圖片下方寫著：正在前往健身房的路上。

我們在社群媒體網站上持續接觸到他人的地位，以及其得意的人生。對許多人而言，社群媒體是一條靈活的管道，能使他們感到自己被喜歡，受到他人肯定——即使這經常是一條具有傾向性，被刻意調整過的管道。

對地位的追求與獲得高度社會地位的理想，可以說已經扭曲了我們的考慮次序，將物質享受與累積過程提升為人生最重要的事項之一。

財富——也就是金錢——經常被用來衡量地位。但是，金錢會使我們更快樂嗎？會，但也不會。

研究顯示，一筆財富確實能使我們更快樂，但先決條件是它將我們從貧戶一舉提升到中產階級。在那之後，任何額外的資產都無法顯著影響我們的幸福感[91]。

於美國進行的研究顯示：每年賺進五萬美金的美國人，比每年賺一萬美金的人快樂。但每年賺進五百萬美金的人和賺進十萬美金的人相比，並不特別快樂。住在貧困國家的人民和相當富裕國家的人民相比，明顯地較為不快樂。從另一方面來說，那些活在相當富裕國家的人民和活在極度富裕國家的人民相比較，並沒有特別不快樂[92]。

經濟學家將這個現象命名為「邊際效用遞減法則」（Law Of Diminishing Marginal Utility）。它可以被重述為：挨餓受凍是很痛苦沒錯，但當我們財力充足，擺脫貧困狀態以後，再多的錢其實也都只是一疊紙張，無法在我們的人生中發揮改善生活品質的關鍵作用。

因此，到了一定的水準以後，金錢就不再能夠影響我們的快樂。癥結在於，當我們已經擁有舒適生活所需的一切時，並不會停止向前、向上行進的腳步。富裕國家的居民即使早已衣食無缺，他們仍然繼續工作。他們擁有漂亮的住宅、全家溫飽不成問題、有預算讓小孩參加喜歡的課外休閒活動、全家人還能一起多次旅遊或上餐館。然而，這些人當中仍然有許多人選擇非常努力地工作，努力到家庭與個人的健康狀態被忽視。有些人還會貸款，買下那些他們本來買不起的東西。

自我毀滅般的追求地位，意指我們付出高昂的代價，向外界發送關於地位的訊號。

自我毀滅般的追求地位，意指我們付出高昂的代價，向外界發送關於地位的訊號。

如何停止追逐名利

總而言之，無論是以金錢、知識，或成為縣市企業足球隊上的進球王來保持高度地位，我們就是有很強的動機想要攀上高位。

有一說指出，令人感覺良好的神經化學物質，其效力是短暫的。隨後它們會被吸收，而我們就必須付出更多努力，獲取更多美好的感受。為了感受到更多快樂，我們持續追求讓我們感覺良好的新事物。不幸的是，這會引向不利於生存的行為。

然而，能帶來這種幸福感的，並不總是那些最具生產力的活動。假如你還沒有Instagram或Snapchat，請試著註冊一個帳號，突然間，你會不斷計算按讚次數、粉絲人數，或是以高到令人不安的頻率檢查自己有沒有收到新訊息。如果一跳出通知就顯示已讀能讓你感覺良好，意謂著必須持續檢查自己的收件匣，這樣又怎麼會有生產力呢？

理想的狀態，應該還是做那些真正對我們有益的事情吧？設定某些（與人生有關、比較重大的）目標，並且努力執行。如此一來，我們就能以明智的方式善用有限的時間，專心處理那些對我們來說真正重要的事情。當你對自己的表現（或缺乏表現）感到焦慮時，請向後退一步，看看全局。這麼一來，你就能避免落入陷阱，追逐某個你實際上並不需要的事物。

西元一七四二年，英國詩人愛德華．楊（Edward Young）的長詩〈夜思〉（Night Thoughts）即針對我們經常具毀滅性的追求，提供了溫和但仍顯得陰鬱的視角。詩中的敘事者坐在一塊生苔的墓碑上，想到過往所有偉大人物所承受的命運：

> 智者，貴族，強人，國王，征服者
> 它使他們謙卑。
> 何苦追逐如此短暫的勝利？
> 就算我們踏過黃金、乘著讚譽的翅膀，那又如何？

地表最高的地位止於「他在此安息」，她最高貴的頌歌，就以「你將歸於塵土」作結。

——摘錄自艾倫．狄波頓《我愛身分地位》

地位和邪惡的關聯

「有錢人比較缺乏同理心」、「有錢人很自私」，這些是無聊且錯誤的偏見嗎？或者說，它在某種程度上是真實的？

加州大學柏克萊分校的達契爾．克特納（Dacher Keltner）教授曾研究過地位／財富與同理心／善良程度之間的關聯性。假如你檢視處於社會經濟光譜中不同等級的人們，一般來說，一個人越是富有，對陷入急難者的同理心就越低。有錢人的行為舉止也較缺乏憐憫心，較難關注他人的情感。在實驗的情境下，他們的行為頗為貪婪，當機會來臨時，他們甚至更可能作弊或偷竊[93]。

克特納研究的其中兩項發現特別有趣。其中一項發現是，有錢人比較不會在行人穿越道前停車、讓路給行人。另一項發現，則是探討當我們發現房裡擺著一只裝著糖果的碗，會做出什麼樣的反應。參與實驗的受測者可以從碗中抓取糖果，如果最後碗裡還有剩餘的糖果，它們會被送給一群小孩。換句話說，我可以吃糖，但這樣一來小孩能拿到的糖就會變少；我也可以完全不拿走任何糖果，把一切留給小孩。結果顯示，一個人越是富裕，他／她在離場前抓取的糖果就越多[94]。

我們可以問自己一個有趣的問題。難道這就是那些悲慘、貪婪、毫無同理心的人能夠致富（因為他們是如此吝嗇）的原因嗎？或者說，富裕能使人變得邪惡？

克特納為了研究這個現象，執行了一項引人入勝的實驗。他讓一部分的受測者將自己和境遇不如自己的人進行比較，另一部分則和過得顯然比自己好得多的人進行比較。然後，發生了什麼事呢？

嗯，結果是這樣的，當人們在經濟上感覺自己較有成就，他們會從小孩手上拿走更多的糖果（在心理學實驗中）。換句話說，當他們想像自己成了有錢人的時候，他們也變得更邪惡。

富人與比較沒那麼富裕的人之間，差異在於，富人認為貪婪是正面的，認為階級社會符合公平正義，且把自己的成就視為個人表現。這樣的觀點，使他們很容易就宣稱「你的貧困是你自找的」。這麼一來，他們很容易就會繼續認定，其他人的困境不值得他們關注。

關於究竟是貪婪與對地位的追求帶來富裕和地位，還是財富與地位讓我們的心變得更邪惡？

我們或許永遠無法得到答案。

有權勢的朋友就是好朋友嗎？

我們只需不到零點一五秒的時間，就能發現站在我們面前的人是男還是女。在同樣短的時間內，我們也能區分出一張有支配力的面孔，以及另一張毫無支配力的面孔。另外一些研究指出，我們只需比這更短的時間（零點零四秒）就能分辨出誰是領導者，以及誰不是領導者。

第一印象

第一印象通常決定了一段關係的走向（即使我們在初次聯繫時，關於對方的資訊很有限）。也許我們只看過當事人的照片，讀過一封電子郵件，或倉促地見過一面。就算做判斷的基礎相當有限，我們總是會迅速地判斷某人的個性。這或多或少是在不自覺的情況下發生。

在我們對彼此的評估中，有兩項關鍵的首要特質。我們對彼此所有特質的解讀中，足足有百分之八十二環繞在「親切」與「能力」這兩個主題。

關於親切的評估像是：「此人是善良的，還是邪惡的？」這項評估操控我們的「親近或遠離」行為。我們以這種方式運作，正是人類能夠存活到今天的原因之一，沒有了這項評估，就會失去逃離危險的意識。

下面幾個例子，說明它如何影響我們。

人類對散發出不可靠印象的臉孔，比散發出可靠印象臉孔的記憶還要清晰。在心理學實驗中，我們能夠較迅速地辨識出與親切有關的單詞（例如和藹可親、善良、仁慈），而非與能力相關的單詞（例如實力、資格）。原因在於，知道一個人是否善良（而非技巧是否熟練）對我們來說更關鍵。我們面前的人是敵是友，足以直接決定我們的存亡。

就像其他因素一樣，「社會知覺」（Social perception，亦即我們對彼此構成的印象）會反映出在演化學上相當重要的資訊。從演化學的角度來說，最重要的元素是親切，因此，對方心懷善意或惡意，對我們的存活來說更為關鍵，而非對方根據自己意圖行動的能力。因此，即使針對「親切」與「能力」的評估或多或少是同時發生的，對「親切度」的評估仍然最為優先。親切度比能力重要。

對能力的評估則著重在：「你有哪些技能、才華和資格，你的支配力有多強？」我們通常讓自己接受表現自信的人領導，這類人在行動、言談和步態上，都相當有自信，無論他們是否真的能掌握全局。就像我在本書開頭所寫：能夠迅速比較、針對支配力進行評估的人，將能夠存活下來。

無論在哪一種文化中，社會支配力都是相似的，直接的眼神接觸與開放的姿態（例如向後靠的姿勢，或雙臂枕在頭部後方）。地位卑微的人反而會將眼神轉開，彷彿不敢正眼直視其他人。我們的身體也會顯示自己的地位（或缺乏地位），當我們無法感到自信，或完全覺得自己地位低下時，我們可能彎腰駝背，彷彿努力想讓自己變得渺小，甚至隱形起來。

美貌也是我們對彼此解讀時的另一項指標，這從我們幼年時，就已經在發生[95]。我們對此現象的發生，完全沒有意識，不管是在哪一種文化當中，有吸引力的人都會被評估為比較聰明、比較善良，也更誠實。

有趣的是，大腦以同一個區域判別一張臉是否美麗，以及某一項行為是否良善。其中一種解讀機制受到刺激的程度，將會決定另一項機制啟動的程度。換句話說，我們的大腦針對美好的感官體驗、一顆善良的心或一個人姣好的面孔產生的反應，大致上是相同的。

而我們會（不自覺地）做出結論：容貌姣好的人也是個和善可親的人。

外貌確實具有影響力

一、兩年前，我研究過人們如何單憑一張肖像，去建立對瑞典政治人物的認知。我讓定居在瑞典的人（這些人知道某個政治人物所代表的意識形態）和來自國外的人（這類人對瑞典政治人物的論點毫無概念）看了一些照片，這些照片就是他們唯一的資訊來源。某些政治人物的外貌被解讀為更有能力，另外一些則被解讀為比較和善，還有一些結果顯示，某些臉孔就是能夠輕易吸引選票。原因在於，它們呈現我們認為政治人物必須具備的重要特質。

在一項研究中，多達百分之六十八的參與者，選擇投票給外表看起來更有能力的政治人物[96]。就連魅力也是一項「重要的」（生理）特質，我們寧願投票給有魅力的人。一般人會認為，外表有吸引力的人個性比較和善、道德水準較高、比較仁慈、更誠實、更友善且更為可靠。他們獲得比較好的對待，更容易得到工作、較高的薪資，假設他們有犯罪的嫌疑，被定罪的機率也比較低。假如一個有魅力的人被定罪，其刑期也很可能較短。這種充滿刻板印象的觀點被戲稱為「人帥／正真好」。

換句話說，我們的內在被評斷的標準，很大程度受到外貌影響。

如果我們在某個行業已經爬升到夠高的位階甚至頂峰，即使我們的容貌看起來還是不怎麼樣（你可以看看世界上不同時代若干大企業家與領袖們的相貌），外表的某些特徵還是有助於獲取更多權力。例如，正式的服裝（也就是說，更接近制服的風格）比不那麼正式的服裝更能帶來權威感，深色系能比其他顏色帶來更多的威望。不過，服飾上的權威感一部分取決於場合與行業別。

關鍵在於，以正確的方式和普羅大眾之間做區隔。如果你懂的東西比其他人多，外貌上的與眾不同無傷大雅。如果你能看出誰是群體的首領，會過得比較輕鬆。你需要大量有把握的直覺，方能做到這一點。

我們只需不到零點零四秒的時間，就能夠區別出高社會地位與低社會地位者。請想像下列的情景：某人正在發表演說，而他／她對此顯然感到十分費勁、痛苦萬分。這麼一來，聽眾也會感到很痛苦。事實上，就連小嬰兒都會察覺到地位的差別。

當你我試圖弄清楚我們周遭人際間的地位關係時，我們前額葉皮質中主管邏輯的區域會受到刺激。我現在所指的，是人際間穩定、實質且長期的地位關係（在此有必要區分長期的權力與暫時性的權力）。若這些地位關係看似不穩定，我們的杏仁核（屬於大腦中較原始的部分，在腦內的情緒網絡中占有重要角色）也會被啟動。也就是說，假如我們不知道該跟誰好好相處，是很麻煩的。

我們重視給予他人正面的第一印象，一個重要的原因就在於本書提到的動機。我們必須留下好印象，這樣才能與他人共處——假如我們還想存活的話。人類是一種具備社交性的物種，因而始終無法完全忽略他人的意見。基本上，印象可是攸關生死的。

人類是一種具備社交性的物種，因而始終無法完全忽略他人的意見。基本上，印象可是攸關生死的。

慎選盟友

我們在獲得特殊待遇、被他人諮詢時，會感受良好。當人們採納我們的意見或建議獲得傾聽時，我們會感到喜悅。出於相同的原因，當感到自己受支配，體內那些無法營造幸福感的神經化學物質就會被分泌，我們的感受就是會變差——我們會試圖治療這種狀態。

其中一種方式就是和有權勢者結盟。我們可以通過不同方式達到這一點，接觸具備高度地位的人士、出現在正確的地點，都能為我們開啟一系列的機會。許多成功人士就是走過這麼一條路，藉此增加自己的影響力——他們和具備高度地位的同類建立關係。同樣的現象也存在於黑猩猩的群體中，一隻黑猩猩（或兩隻處於敵對狀態的黑猩猩）通常正是藉由和其他黑猩猩建立關係，才能登上權力的寶座。

和那些有地位的人建立關係，想必是個好主意。想像一下，現在，我們用「成就」來代換「地位」。這當然取決於你在人生中追求的方向，但假如你想要精通某一門技藝，請和比你更精通此道的人交流。

我們深受自己周圍的人影響，但可以自行選擇和有好習慣、正向人生態度、具備高度職業道德與意志力、可靠、忠誠、擅於鼓舞人心、熱情、富有熱忱且抱持感恩的人交流，而不是選擇那些具備相反條件（有著壞習慣、負面人生態度、受害者心理，以及在不如意時怪罪他人）的對象交流。

當你意識到自己擁有這項選擇的機會時，將會獲益良多。

權力失衡的危險因子

我們有時會貼近彼此，有時則會與彼此保持一點距離，並在最為理想的情況下重新找回親密感。這樣的循環，會一而再、再而三地發生。一段長期關係中的動能會持續發生變化，一旦我們學會與其共存，能夠解讀配偶的需求與信號，就能獲益良多。對我來說，尊重、體貼與正視彼此的需求，是建構一段優質關係的幾項要素。在此，先來檢視那些當我們放任負面傾向自在遊走時，顯現出來更具破壞力的層面。關鍵在於配偶關係與權力方面的動能。

愛情是交換及貿易

人生中最重大的決定之一，在於要與誰共享我們的人生。我們為誰而傾倒當然取決於多項不同的因素，但地位就是其中一項因素。地位影響我們與誰開展一段親密關係，在進入情感關係以後，更會進一步影響這段關係。

地位的重要性在我們心中與社會上是如此根深柢固，以致於認定和律師或醫師交往比職業沒那麼有名望的對象適當，好像十分自然。如果兩個地位不怎麼匹配的人開展一段情感關係，恐怕眾人都會為之側目。

在一段關係之中，我們能夠貢獻不同的資源。例如，在歷史上，女性肉體的美貌常與男性的財富、社會階級，以及地位相襯[97]。幸運的是，現今的社會中男女地位越趨平等，這種所謂的「資源交換」也就會越均衡。此現象不僅限於女性的美貌與男性的地位，學者將這種現象取名為「社會交換論」（Social Exchange Theory）。根據這種思維，資源與權力之間有正面的關聯性。

學者們將另一種概念命名為「最低興趣理論」（Theory of Least Interest）[98]。根據這種理論，論及受到評價的資源時，A君對B君的權力能夠發揮某種效果，導致B君的依賴[99]。換句話說，由於資源會增加權力，並在此同時降低依存度，權力是相對的。假如我們以這種觀點來看待伴侶關係，這將意謂著：「更多的權力與更低的依存度，導致一個人離開伴侶關係的機率增加。」

不平等的地位會帶來困擾

伴侶關係就像一個小型社會，雙方會比較彼此。各項研究均顯示，能夠養家活口，或至少分擔一半的家用，對我們來說是很重要的。我們是有所貢獻呢？還是在經濟上處於依存地位呢？

各項研究顯示，我們參與這段關係的程度必須大致相等。一段關係是否能夠維繫下去，參與度的低落已經被證實為強烈的危險因子[100]。

> 各項研究均顯示，能夠養家活口，或至少分擔一半的家用，對我們來說是很重要的。我們是有所貢獻呢？還是在經濟上處於依存地位呢？

同等的收入和以相同的程度參與一段關係，並非同一回事，但是，不均等的收入是會影響一段關係的。康乃狄克大學的社會學學者克莉絲汀・蒙奇（Christin Munsch）曾經研究過收入與不忠之間的關聯性[101]。假如我們要欺騙自己的伴侶，地位上的差異是否有影響力？她甚至提出下列的問題——假如我們的收入高於配偶，我們是否更有可能不忠？或者，假如我們的收入比配偶低，我們是否更可能出軌？

她在二〇一五年所執行的研究顯示，在經濟上處於依附地位的人（不分男女），在更大的程度上會出軌，而男性因為經濟依存度而出軌的傾向高於女性。關於這方面必須補充的是，就算是在瑞典，人們的生活仍充滿根深柢固、針對性別的刻板印象（在論及地位、權力，以及應該由誰來養家活口時，這一點尤其明顯）。

研究人員的假說是，不忠是那些在經濟上處於依存地位的男性為了遠離、「懲罰」那位導致自己失去（符合刻板印象的）男子氣概的優秀配偶，所用的方法。雄性化或多重性伴侶成為誇大、類似諷刺畫的男子氣概表達方式。在他們內心深處揮之不去的，是未能活出原始、深植於文化中男性角色的情緒。這再次證明，刻板印象的破壞力是很可觀的。

在一項研究中，男性與女性受測者被要求填寫一份關於其性別身分的問卷。問卷的答案將顯示，他們是否處於刻板印象中屬於男性或女性的範疇（與其他參與實驗的受測者相較）。但狡猾之處在於，受測者所獲得關於自己定位的回饋，與真相並不相符，相反的，這些受測者們得到的是隨機抽出、關於他／她們女性化或男性化程度的資訊。研究人員發現，那些獲悉自己更傾向於女性化的男性突然表態支持伊拉克戰爭、表達出購買跑車的興趣、展現出對支配力與階級的贊同。換句話說，他們表現出在文化上被連結到男子氣概的行為。另一方面，女性的態度並不受對其女性化特質的多寡所影響。不幸的是，所謂男子氣概的行為與特質，比所謂女性化的特質更狹隘。出於這項原因，女性化特質更不會受到威脅[102]。

總之，無論性別是男還是女，如果在經濟上依賴配偶，出軌的風險就會增加。這當然只是眾多導致出軌的危險因子之一，根據「公平理論」（Equity Theory，是「交換理論」的一種延伸），原因可能在於不對等的關係會讓那些相對其配偶而言「獲得太少」與「獲得過多」的人感到憂慮[103]。不平衡將困擾我們，增加不忠、出軌的風險。

根據數項研究，收入高於其配偶的女性，本身也會感到困擾、焦慮，甚至會引起失眠症狀[104]。這些女性會致力於中和這些偏差現象——這意謂著她們努力壓低自己的表現與功勞。她們更常以一種膨脹其配偶男子氣概與表現的方式提到他們，並且加快自己處理家務事的步調。她們對配偶更忠誠。

對此我只能說：很幸運，我們生活在一個改變中的時代。

時代正在改變

蒙奇的假說是，一開始，也許只有某種類型的男性會受到自己收入比配偶還少所影響。但她沒能找到可以支持這種假說的證據；相反地，相對收入與不忠之間的關聯性顯然很強烈。也許那些有出軌傾向的男性更可能與在經濟上必須依賴他們的對象，構築伴侶關係。也許，那些對性別角色抱持更為傳統觀點的男性同時也更容易出軌，並同時追逐成為家計負擔者的機會？他們甚至可能追求必須依賴他們、賺得比他們少、更加無助的配偶。

結論是，根據「社會交換論」，相對收入越高，出軌的可能性就越大。根據「公平理論」，賺得比較少的一方反而更可能出軌。原因在於感受到自己沒有受到足夠的獎勵，或過度獎勵的一方，內心將會充滿焦慮感。不忠成為調整關係中權力均衡（以及兩性平等）的一種嘗試。

我們同時也不應忘記，雖然我們很不幸地經常競逐經濟支配權，配偶關係中還有眾多其他的因素。選擇在一起的兩個人必須成為隊友，朝同一個方向邁進。我們仍然經常爭論誰是最稱職的家長、誰最常到幼兒園接孩子、誰的工作最理想，或者誰在朋友圈中最受歡迎。所以，我並不是說伴侶之間不應該有討論與衝突，而是正如心理學家埃絲特．沛瑞爾（Esther Perel）所表達的：「最重要的不在於爭吵，而在於關係的修復。」

我們該如何重新構築和諧呢？

同時也請記住，每一個人都塑造了彼此。在不同的人際關係當中，我們實際上並非同一個人。

根據沛瑞爾的說法，情感關係在由和諧狀態、不和諧狀態與修復期構成的圓環內運行。我們也可以將其比喻為聯繫、幻滅與重新聯繫。我們會三不五時擺脫彼此，然後重修舊好。重點在於重新聯繫的能力，而不只是雙方如何爭吵，或意見是如何的不一致。

有趣之處在於，一場衝突是某種形式的能量平衡點，其中一方越是惱怒，另一方就越是被迫放低姿態。這種「能量平衡」成為某種意義上的權力均衡。

同時也請記住，每一個人都塑造了彼此。在不同的人際關係當中，我們其實並非同一個人。我們在一段新的關係中也許會發現自己的音量越來越大（而在過往的關係中，均不曾如此表現）。原因是當前的伴侶和過去的伴侶不同。這賦予我們新的角色，帶來新的動能。我們並不是靜止不動的——這適用於所有形式的關係。

讓我以一些正能量為本章作結。

我們很幸運的處於陳舊性別角色逐漸變更的時期，在三十歲以下的人口當中，多達百分之八十的女性及百分之七十的男性希望展開一段雙方平均分配子女教養責任、家務與家計維持的平等關係[105]。隨著角色、責任與我們對性別的期待持續擴張，帶給我們更大的活動空間，所有人都將獲得更充分的自由。這意謂著我們無須（有意識或無意識地）限制自己，可以自由表現意志，或成為自己所希望的角色。

當我們對自己在關係中所扮演的角色更加滿意時，就越可能與彼此共築一段美好、充滿敬意的情感關係。

TIPS

動機駕馭指南：地位篇

對地位的追尋、權力與比較是大家都體驗過的。這些元素，存在於我們經歷過的各種群體之中。在歷史的進程中，地位曾協助人類存活下來，原因則在於它帶來了各類資源：食物、更舒服的棲息地，以及在我們身處的環境中所有可供利用的事物。如果地位越高，就越可能存活下來，且有更多的擇偶對象。

我們迅速解讀出人際間的權力關係，也想藉所有可行的方式彰顯自己持有的權力。因為如此一來，我們的生活會變得更好。當我們地位低下時，內心的警報將會響起——因為卑微的地位將會降低生存機會。

總之，地位是充滿意義的。天擇的進程，導致人類對地位相當在意。我們體內的神經化學機制操縱我們，藉由在飛黃騰達、擴充影響力時產生的正向感覺，讓我們關切自己的地位。它也藉由當發現別人明顯過得比我們好，或我們過得不如意時體驗的負面感受，使我們關心自身的地位。

有地位不是一件壞事，這存在於我們的血液中。但必須留意的是，對地位的追求在哪些情境下會將我們帶往不利的方向，讓我們誤入歧途？在此，我會針對如何以利己利人的方式思考，運用這項動機，給你一些具體且可行的建議。

在家裡或工作場所這麼做

1 保持自覺

多留意你的神經化學機制與情緒，如何在不同情境下起起落落。我相信，這是你所必須培養，最為重要的技能之一。我們必須意識到，當體驗到自己獲得更高地位時心情會更好，體驗到地位被削減時情緒則會變得低落。我們必須要接納這一點。只要能夠做到這一點，就可以讓心情平靜。

2 擁有自己的觀點

哲學家盧梭曾經提到，富裕並不在於擁有一大堆東西，而是在於擁有我們渴望的事物。總而言之，富裕並不是絕對的。我們需要根據自己的願望來檢視它，每當你想取得自己買不起的物品時，你會變得更貧窮，但當我們對自己所擁有的事物感到滿意時，不管實際上多麼匱乏，還是可以視自己為富人。總之，使人致富有兩種途徑：給他們金錢，或者限制他們的願望。活躍於十九世紀的藝術評論家、詩人與作家約翰・羅斯金（John Ruskin）將「財富」定義為所有在數量上顯得豐盛的事物。這些事物可以是書籍、郵票或微笑。你也可以充滿智慧、友善、謙卑或敏銳。最富有的人，也許就是那些對夜幕中繁星感到最為驚艷的人們、那些擁有時間，或者能夠全神貫注的人。又或者，能夠決定自己工作日的自由，才是最重要的。

3 意識到自己的消費動機

請意識到，你的某些消費行為涉及地位，就連你自己恐怕都沒想過這一點。請設想一下，你藉由自己所購買的商品、進行的旅遊釋出什麼樣的訊號？藉由保持自覺，你就能夠稍微思考一下：你正想要買下的商品，是否真的是正確的決定。

4 保持自己的立場

某些人會試圖藉由壓制你，來增加自己的地位。這使他們在相較之下，感覺更好。在人際關係當中，請留意這種模式。

5 勿因社群媒體網站感到壓力

別人的生活在社群媒體上看起來可能很完美（無論其實際情形究竟如何）。如果你因而受到負面影響，請避免使用社群媒體。或者，請決定自己何時使用社群媒體網站，每次又該花費多少時間。

6 妥善經營伴侶關係

由於我們會自動與他人進行比較，當然也會和自己的配偶相比。這是極具破壞力的，甚至在最壞的情況下會導致破產與衝突。一段優質的關係中，不應該出現這類的情況。請扶持、鼓勵你所關愛的人，使其心情變好，最後獲取成功。

7 選擇正確的目標競爭

由於我們有互相比較的傾向，請引導自己把這個傾向發揮在牽涉到重要、能讓我們大家生活品質變得更好的事物上。請設想，假如我們的生活方式以氣候與環保生產力為標準進行評比，那會是什麼樣的情景？不管牽涉到什麼事物，人類就是想要贏——絕大多數的事物，都可以做為競爭的目標。那麼，何不將競賽用於改善我們大家的生活品質呢？

8 小心職場競爭

就連在工作場所，互相比較與地位的競逐也是完全無法避免。即使競爭的感覺可能讓我們獲益良多，它同時仍會以一連串的方式損害人際間的合作關係。在職場上，勾心鬥角、不合與無法同心協力當然不是什麼好現象。

9 從成功人士汲取靈感

請與那些你相當敬重、成就也比你高的人交流。即使這很可能使你感到低人一等，這麼做還是值得的。你會受到啟發、汲取靈感，最終帶來自身的成長。

10 每天採取一些具體的措施

我們可能藉由不同的方式感到自己有成就或深具地位。請將你在工作方面的大型目標分解為具備一定程度挑戰性、規模比較小的次要目標，然後每天採取一些措施，使自己更接近目標。

11 慶祝小型的勝利

達成重大目標，並無法永遠確保我們感到快樂。那些成功的時刻是如此罕見，以致於我們並不特別為此感到喜悅。因此，請在每日生活中尋找一些小小的成就，讓自己感受到：「哇！我辦到了。」請享受這些微小的時刻，和自己擊掌慶祝，容許自己感到快樂。感受多巴胺在自己體內流動。

12 享受自己在社會上的位置

我們的位置，一直處於變化的狀態。我們前一刻還感到自己低人一等，下一秒就覺得自己很有支配力——而這取決於你所關注、比較的對象。請嘗試享受每一個片刻所帶來的優勢（而不是感到挫折）。當你處於極具支配力的地位時，請享受那種充滿尊敬與選擇機會的感覺，但也請避免靠著壓制他人來滿足自己。請享受你對自己周遭人士（性質幽微的）影響力。他們可能會仿效你，你可以用和善的態度與正面的榜樣來影響其他人。

13 破除壞習慣

過去的行為（也許是對地位的毀滅性追求）已經在我們體內「建立」某種神經科學上的脈絡。甚至可以將其稱為「神經學高速公路」。因此，破除一種習慣可能很困難，必須花費時間，但你如果能在幾星期或一、兩個月內以一種新的習慣代替過去的（不良）習慣，就有希望在自己體內建立一條全新的路。就算養成新的習慣在一開始感覺很不順暢，你仍得繼續努力。

14 真正重要的事物

請仔細思考，哪些事物對你來說是真正重要的？你什麼時候感到最快樂？請將這些弄清楚。然後請根據答案安排自己的人生，讓你能將時間花在使你感到快樂的事情上。就算攀爬梯子的動作是難以避免的，也至少確保你所攀爬的梯子，是靠在正確的一面牆壁上。將時間花在你喜愛的事情，確保自己感到愉快，並在過程中體驗到喜悅。還有，別盲目跟從也許對你毫無意義的地位競逐。不必因為別人擁有什麼、做了什麼或表現出某種態度，就盲目跟從。

CHAPTER

THREE

／

知識

現在，我們總算要探討本書的第三項（也是最後一項）動機了。這項動機驅使我們追求新知識、持續蒐集新的資訊與印象。活躍於十七世紀的哲學家托馬斯・霍布斯將這種好奇心稱為「感官的渴望」。人類對知識的渴望是永遠無法被滿足的，我們一旦開始追尋知識，就只會需索更多。

根據霍布斯的說法，人們需要知道「為什麼」。滿足我們的好奇心，是很有益於身心健康的[106]。這會啟動大腦的獎勵機制中心，多巴胺會分泌，美好的感覺甚至能與享用精緻的美食、美酒和美妙的性行為相比較。就連愛因斯坦都提到對知識的渴求，他曾在其中一本傳記中寫道：「我不是天才，我只是有著強烈的好奇心。」

> 過往，人類的好奇心協助我們存活下來。

從演化學的角度來看，我們對知識的渴求並無任何奇怪之處。過往，人類的好奇心協助我們存活下來，這意謂著瞭解我們的世界及其如何運作、改變對我們的影響、如何應對環境（例如該如何生火、天候的變化對我們周遭環境的影響，以及如何以最簡單的方式捕捉野獸）。這一切都協助我們度過每一天。

然而，我們並不僅僅對新的資訊感到好奇。我們的大腦也想要獲取與新環境、新事件有關的新聞。

產生多巴胺會令你對不熟悉的事物（例如新的地點、新的物品或新面孔）做出反應，激勵我們的老前輩，使他們不斷地追求新的可能性。在他們所處的環境中，這是一項對生命而言至關重要，使他們能夠找到食物與寶貴資源的動機。

好奇心對社會結構的營造與人類繁衍也有重大意義。義大利情聖卡薩諾瓦（Giacomo Casanova）想必會說出類似下面的話：「愛情是四分之三的好奇心。」

各式各樣的好奇心

但是，在日常生活中，人類對哪些事物最感到好奇呢？

答案——不只一個。

一部分人感到好奇的是，為什麼人類會做出自己所做的事？另一個人可能試圖理解自己處於青春期的子女，也有人可能對體壇的動態、室內裝潢、葡萄酒、政治或高爾夫球感到好奇。驅策我們的動力在於進行探索、獲取能夠減少我們內心感到不確定性與無知的新知識。當然，能夠減少那種「一無所知」的感覺，擺脫掉不確定性與困惑感，還是很美好的。

好奇心可以分為好幾種類型。「愛因斯坦式」的好奇心關鍵在於我們對新知識的渴望。另一種好奇心和驚喜、全新或吸引人的外在刺激元有關——這就是所謂的「知覺好奇心」。此外還有「特殊好奇心」，也就是尋找某一項資訊，可以是完成一項填字謎遊戲，或是記住上星期看過的電影名字。研究人員長期研究一項謎題、企圖解謎，在背後驅策他們的力量往往就是這種特殊好奇心。

另一種形式的好奇心則被稱為「公眾好奇心」。它在本質上更為躁動不安，且驅策我們探索新的知覺印象、受到刺激、避免感到無趣。這種好奇心導致今日的我們不斷地檢查自己的電子信箱，對別人在社群媒體網站上貼出的內容感到好奇。我們也不應忘記，這種具有公眾與普世性，本質上躁動不安的好奇心也會引向特殊好奇心。這種具有普世性、猶如吸塵器般探索新知的行為，實際上可能啟發一連串的新愛好，誘發不同類型的好奇心。

具英國與加拿大雙重國籍的心理學家丹尼爾．貝萊恩（Daniel Berlyne）推導出上述針對不同類型好奇心的區分。不過，上述各類好奇心顯然仍不夠完整，學界甚至還討論到

「同理好奇心」。此外還有一種「病態好奇心」，它使得我們經過事故現場時放慢行車速度，也使人們在犯罪事件現場與火災現場周邊聚集、圍觀[107]。

好奇心有什麼問題

我們能夠擁有好奇心，以及對新印象與新知的需求，是很美妙的一件事。它為我們帶來攸關生死的知識與發展。

所以，好奇心怎麼可能會成為一個「問題」呢？

曾經被形容為全美國最傑出科幻小說作家的娥蘇拉・勒瑰恩（Ursula Le Guin）曾經說過：「當你點燃蠟燭時，你也塑造了一道陰影。」這個道理，適用於絕大多數的人事物。凡事極少有絕對、極端的好或壞，大多數人事物都是有好有壞的。

關於對知識的探究，我在本段選擇集中探討本質上較為躁動、不安的類型。一百年前，這種類型的好奇心可能不會構成任何問題。但在科技發展突飛猛進的今日，好奇心和對知識的追求，為我們帶來一連串的挑戰。

我們每在電腦上或手機上開啟一個網頁，大腦就會分泌多巴胺。結果呢？我們感到深受鼓勵，繼續點擊下去，一頁接著一頁點閱、查看一個又一個應用程式。各項研究顯示，

我們每在電腦上或手機上開啟一個網頁，大腦就會分泌多巴胺。結果呢？我們感到深受鼓勵，繼續點擊下去。

很不幸地，在所有我們點閱的網頁裡，其中五分之一，我們竟只花少於四秒的時間瀏覽。同時，能讓我們花上超過十分鐘的網頁，僅占總數的百分之四。在接連點閱不同網頁的過程中（也就是獲取新知的過程），大腦的獎勵機制中心會被啟動。這和遠古人類看到新的環境、找到新資源時的大腦反應，是一樣的[108]。

到了這個階段，你肯定已經理解到，人類並沒有接受過適合當今環境的調整措施。現代人的生活節奏，比過往人類歷史上任何時期都還要快。我們越來越難以澈底發揮自己的潛能，更加難以專心、睡眠品質下降、在現實生活中與他人的交流越來越少，也越來越缺少同理心。

仍然有人認為「成癮」不能用來稱呼那些大多數人沉迷的事物。那這種事物又該怎麼稱呼呢？不管有多少人深陷其中，「成癮」就是「成癮」。做為一種現象，「成癮」是有確切定義的。當一九一八年的全球大流感帶走七千五百萬條人命時，沒有人會說：「流感確診單是毫無意義的。」也正是由於它影響了太多人，這個事件反而格外需要大眾高度的關切。

研究腦部的科學家安德斯・韓森（Anders Hansen）在自己的著作《螢幕之腦》（*Skärmhjärnan*，暫譯）寫道：尋求獎勵的行為和追尋知識的行為在大腦中誘發反應的區域是如此接近，所以有時候很難針對兩者進行區分[109]。不確定的結果，將會導致多巴胺分泌量暴增，此外，還有一個很有趣的現象，當我們不知道自己是否會獲得獎勵時，影響反而更大，更大量的多巴胺將會被分泌——「我傳的簡訊有沒有答覆？我在社群媒體網站上的評論，有沒有收到回應？有沒有人對我上傳到 YouTube 的影片按讚？」

多巴胺在這個時間點（當我們未必能夠得到想要的東西時）大量分泌，曾經協助我們的老祖宗繼續覓食等活動。到了今天，手機帶給我們這種由「也許」推動的刺激元也仍在持續發揮作用。在絕大多數情況下，大腦多巴胺在你聽見通知時的分泌量，甚至多於實際閱讀簡訊的時候。我們熱切地期待，「也許」有重要的訊息，這種渴望驅使我們拿起手機，「查看一下」。我們總是這麼做。

我們或可相信，隨著時間流逝，我們理應更能處理這個問題，更妥善地訓練自己的專注力——然而，實際情形並非如此。大量使人分神的事物不會讓我們更有抵抗力，也不會逐漸讓我們能夠抗拒這些誘惑。相反地，這些事物令人更加難以專心、更為敏感，也更容易被干擾。而我們往後所面對的挑戰，也並不會減輕。今日的產品設計師比過往的同業更為精明，他們完全知道必須觸發哪些屬於人性的「開關」，才能誘使我們運用該項產品，而且是一而再、再而三地使用。

現在，我們真該探討一下：好奇心和對知識的渴求（尤其是對各類電子產品螢幕的依賴與成癮），是如何讓我們誤入歧途，而我們又該如何因應？

獲取新知的代價

神經科學家、作家亞當・格茲扎利（Adam Gazzaley）在其著作《分神之心》（*The Distracted Mind*，暫譯）中寫道，我們大家的心智，都是分散的[110]。我們對科技與螢幕的使用，造成了一系列的危害。它影響認知能力（思考）、學業表現與職場上的成就。此外它還破壞我們的人際關係、增加日常生活中的風險。任由小孩長時間接觸手機，甚至可能危害到他們在社會心理學方面的成長——手機輻射線的破壞力，也對他們幼小的身體有害[111]。

一個小孩使用社群媒體網站的程度，將會在四個不同的層面中影響他／她的健康狀態：生理健康、心理健康、行為模式與專注力。

二〇〇九年，美國作家山姆・安德森（Sam Anderson）已經在《紐約》雜誌（*New York Magazine*）上寫道：「虛擬的馬匹已經離開了數位化的馬廄。」我們應該要捫心自問，「數位化進程究竟為我們帶來了什麼？[112]」

受到擾亂的心緒是當代最重大的挑戰之一

八月的某天傍晚，我到南泰利耶（Södertälje）*拜訪朋友。就在我即將動身返家之際，開始下雨了。我身上帶著一本行事曆與一支手機。我將它們塞進夾克裡，彎下腰來，開始小跑步奔向自己停在幾公尺外的轎車。就在此時此地，我突然失去記憶力。事件過後，我才得知，當時的我直直衝向一道金屬護欄，額頭撞了一下，跌倒在地，昏死過去。

長話短說，我被送進卡羅琳醫院（Karolinska Hospital）的急診室，旋即又被轉到丹德呂德醫院（Danderyd Hospital）**的腦創傷復健科，而後在那裡待了幾個月。這起事故的原因是，當時的我心不在焉。下場就是，我的頭部有兩處骨折，並在一秒鐘左右的時間內有兩處出血。對一顆可憐的腦袋來說，這實在太沉重了。

假如你用「gazing at phone while walking」（邊走路邊看手機）做為關鍵字在谷歌網站上搜尋，或在YouTube上輸入「falls into mall fountain while texting」（在傳訊息時掉進購物中心的噴水池），你會找到一堆關於人們陷入各種窘境的影片，內容相當瘋狂。

其中一支影片呈現了一名女子凱西．克魯茲．馬雷洛（Cathy Cruz Marrero）在購物中心裡一邊走路、一邊傳訊息[113]的狀況。她在毫不自覺中，倒栽蔥跌進一座噴水池裡。這部

我們搜尋資訊的動作，很大程度充滿「多重任務處理」的特色——一邊處理某件事情、一邊使用手機或平板電腦，以便搜尋新資訊。

短片的觀看次數多達數百萬，而凱西在美國甚至成了某種意義上的全國知名人物。總而言之，她確實跌進一座噴水池裡，她看來傷得並不重，很快就爬了起來。她的表情顯得又驚又窘。

實情是，凱西一邊走路、一邊同時使用手機的行為，是一種「多重任務處理」（multitasking）。

我們搜尋資訊的動作，很大程度充滿「多重任務處理」的特色——一邊處理某件事情、一邊使用手機或平板電腦，以便搜尋新資訊。

---

* 譯註：位於瑞典斯德哥爾摩省西南部的自治市。

** 譯註：卡羅琳醫院是位於斯德哥爾摩省境內的大型公立醫院，成立於二〇〇四年。丹德呂德醫院則是位於斯德哥爾摩省北郊丹德呂德（Danderyd）區的急診醫院，落成於一九三二年。

以生命做賭注

統計數據顯示，「多重任務處理」顯然會增加生理受傷的風險。一項在《科學人》雜誌（*Scientific American*）上發表的研究，從一百所位於美國境內的醫院蒐集數據。研究人員想要弄清楚，究竟有多少人在忙著用手機輸入文字的同時，不慎撞上固定物體，因而受傷。

二〇〇四年，總共有五百五十九人因此受傷。到了二〇一〇年，同一項數字達到一千五百人。在一篇探討該項研究的文章中，作者們預測，這個數字將在二〇一〇年至二〇一五年之間翻倍[114]。

公衛學者柯芮．鮑許（Corey Basch）在另外一項研究中，與幾位同事觀察曼哈頓最危險的行人穿越道，發現超過三千七百名行人當中，多達百分之三十在交通號誌燈轉綠時，正在關注自己的手機。更令人感到驚異不解的是，當燈號轉為紅色時，四分之一的行人仍然繼續前行，且選擇低頭盯著手機看[115]。其他數項研究則證實，這種現象，絕對不只發生在紐約。一般來說，大約百分之三十的行人在過馬路時並不關心穿越道周圍的動靜，而是關注其他事情[116]。

此外，我們更從研究中得知，如果在將要過馬路時忙著使用手機，做出危險舉動的機率是其他行人的四倍以上。這包括大步跨上行人穿越道，或是在燈號已經不是綠燈時仍然開始穿越馬路[117]。在一項具有實驗性質的研究中，參與受測者被要求在虛擬的環境中通過一條道路，並同時講電話、聽音樂或傳簡訊。那些傳簡訊或聽音樂的人，被車輛輾過的風險顯著較高[118]。

研究甚至也顯示，即使僅僅是在步行時使用手機，我們都會改變自己的步態，使自己陷入較高的危險中——即使周邊沒有其他人流或車流，這一點依舊適用[119]。這個現象的起因，在於我們穿越道路時必須具備的認知能力（亦即必須注意交通狀況）與同時將一部分注意力分散到正在撰寫的簡訊或正在聽的音樂之間，發生了衝突[120]。

換句話說，研究已經顯示，人類對手機的使用降低了生活中的安全性。對兒童來說，這項風險特別嚴重——他們在都會區環境中行走同時使用手機時，被車輛輾過的風險遠遠高於成年人[121]。

交通事故的頻率

一邊趕路、一邊使用手機的下場有可能相當悽慘——設想一下，在駕駛汽車、行進速度遠高於步行時，這一點就變得更加明顯。這種情況下，後果嚴重得多。

就算你本人沒有在開車時傳簡訊或回覆電子郵件，你自己、你的子女、雙親以及伴侶，仍然可能會遇上做出這種事情的其他汽車駕駛，這是很遺憾的。對我來說，這是個嚇人的想法。每次當我開車載送自己的子女時，後腦杓某處總會傳來一種折磨人心的不安感覺：「想想看，要是有人在會車時一邊滑手機，該怎麼辦？」

猶他大學的戴維．史崔爾（David Strayer）教授是研究駕車同時使用科技設備導致後果的專家。他針對使用手機的汽車駕駛與酒駕人士進行了比較。他的發現是，這兩個群體捲入交通事故的風險是一樣大的[122]。根據他的說法，手機會導致一系列造成交通事故的不同因素：放開方向盤、將視線從車道上移開（就算只是短短的一秒），或者只是將注意力從真正重要的事物上轉開。

除此之外，研究還顯示，使用免持裝置而導致的車禍事故總數，和駕駛使用手機導致的事故數量相當。但是，和乘客談話並未被證實會影響駕駛的專注程度。原因在於，即使駕駛在談話，其注意力仍透過某種方式聚焦在路況上[123]。

事實上，當研究人員分析駕駛與乘客之間對話的內容時，他們發現乘客經常提醒駕駛與行車有關的事情。這包括何時應該要下高速公路、在路口何時應該左轉或右轉等等。當做決策的時間點接近時，乘客通常也會停止說話，讓駕駛能夠專心開車。

乘客完全就是駕駛員的另一雙眼睛，協助我們駕駛車輛——而我們是絕對無法從手機上得到這種協助的。

當我們越睡越少

如果我們夜裡沒能好好睡上一覺，相處起來通常不會太愉快。睡眠的匱乏影響我們的人際關係。但是，科技又是如何擾亂我們的睡眠呢？

永遠睡不飽

缺乏睡眠和行為層次上的依賴／成癮性，是密切相關的。我們無時無刻不滑手機，但不管我們再怎麼喜歡盯著螢幕、查看社群媒體網站、觀賞影片，大腦就是無法適應這一切，而導致一系列的後果。

睡眠對我們而言是至關重要的。請想像一下，能夠一覺到天明和只睡三個小時相比，你會有何種感受？

「突觸年輕化」（Synaptic Rejuvenation）是一種在夜間發生的現象，它包括代謝的過程；「記憶鞏固」（Memory Consolidation）則是另一個會發生的現象，它意謂著不怎麼有趣的連結會被清除掉、重要的連結則會得到強化。大腦在睡眠中也會清除毒素與廢棄物（意指日間神經活動留下的副產品，亦即神經處理物質的殘餘物）。假如睡眠不足，身體就無法進行這些必要的步驟，讓我們發揮良好的績效[124]。

數千年來，光線僅僅於白天才存在。煤油燈和營火釋放出薑黃色的光線，因此，它們不構成問題，大腦會把薑黃色的光線解讀為上床就寢的訊號。過去，夜間是不存在任何人造光線的。我們使用電子產品螢幕所散發的藍光則截然不同——它傳遞屬於早晨（該起床了）的信號。

當我們在就寢前使用手機時，會在自己體內製造出某種形式的時差。換句話說，我們在準備睡覺時，卻告訴自己的身體，全新的一天已經到來。在睡前的一小時觀看電子產品的螢幕導致睡眠障礙，造成睡眠時間減少與惡化的睡眠品質[125]，這一切都是合乎邏輯的。看電視並不會造成相同的後果，原因在於電視螢幕通常離我們有一小段距離。

即便如此，相當遺憾的是，美國成年人當中，足足有百分之九十在睡前不到一小時以內使用電子產品（而且這種情形在一週當中多次發生）[126]，而瑞典人的行為模式是類似的。

假如睡眠對成年人來說很重要，對兒童與青少年而言就更不可或缺——他們每日至少需要九小時的睡眠。根據美國國家科學基金會（NSF）進行的一項研究，僅有百分之十的青少年在週一到週五的夜間，每晚睡滿九小時[127]。

我三不五時會指導安娜塔西雅（我的外甥女）寫作業。她就讀初中三年級，配有一台由學校發放的平板電腦。正如她就讀學校裡絕大多數其他學生一樣，她也有自己的手機。當我想到今日社會的青少年時，我總會想起所有相關的「狀態」：FOMO（Fear of missing out，錯失恐懼症），害怕（在虛擬世界中）錯過某些事物，以及無手機恐懼症（害怕無法以手機聯繫他人）。甚至還有一種被命名為「幻覺口袋震動」（Phantom Pocket Vibration）的現象——感覺口袋周邊一陣輕微的震動，因而有必要掏出手機確認——即使當事人那時根本就沒把手機帶在身上。

> **在睡前的一小時觀看電子產品的螢幕導致睡眠障礙，造成睡眠時間減少與惡化的睡眠品質，這一切都是合乎邏輯的。**

在一項以學生為目標群體的研究中，學生們的教師在接受訪談時，多達百分之八十七的教師表示，今日科技產品的使用塑造了一個「注意力短暫而不連貫、容易分神」的世代。另有百分之六十四的教師認為數位化媒介導致學生更容易分心，而非在學術表現上提供學生協助[128]。還有一項研究調查了（年齡介於十八到六十九歲之間的）三百九十一名學生對電子產品的使用習慣，以及該習慣和睡眠品質之間的關聯性。結果顯示，百分之十九的受測者在就寢時將手機鈴聲關閉，並將其擱至一邊；百分之三十九的受測者將手機放在近處，但轉為震動模式；百分之四十二的人將手機放置於一旁，且保持鈴聲開啟[129]。

假如我們閱讀文獻，一項由哈佛醫學院所進行的研究顯示，閱讀電子書的人要入睡所花的時間，比閱讀紙本書籍的人多出十分鐘。閱讀電子書的行為，將褪黑激素的分泌整整延後一個半小時。

褪黑激素協助我們入睡，因此，一旦它的濃度過低，入睡的時間將比理想的時間來得晚。一般來說，閱讀電子書的人體內褪黑激素的分泌量也較少（減少幅度多達百分之五十五），他們的快速動眼睡眠（做夢時的睡眠）時間少了十二分鐘，隔天早上的精神也比較差[130]。然而，當我們聆聽有聲書時，並不需要盯著螢幕，所以不受影響。

在許多研究中，參與的受測者是兒童、青少年與已經成年的大學生。我們知道，兒童與青少年的大腦對外來影響與潛在的傷害較為敏感。直到一個人由青少年邁入成年期，大腦才會發育成熟。腦部的「發育完全」是從後腦開始的。前半部（包括腦皮層）則最慢發育完成。大腦的這個區域主掌決策與規劃能力、解決問題、控制衝動，以及想清楚各種行動將會導致的後果。

但對進入職場生活的成年人而言，情況又是如何？研究人員在一項探討主管與職員的研究中發現，那些在前一天晚上九點鐘以後曾經使用過手機的人，隔天上班時表現出的認知能力較差。他們對工作任務的注意力較短暫而不集中、出現較多遺漏、工作表現更不佳[131]。

難以控制的焦慮

在人類有文字記載的絕大部分時間中，一直定居在出生地。我們繼承雙親的事業，最主要互動、交流的對象是從事大致相同工作的人。假如我們的家族擁有一座磨坊，它就是我們的工作場所。如果我們的雙親是裁縫師，我們多半也會從事這個行業。這一切導致個人極少擁有獨自發揮的空間。當時的生活中，有許多事物是既定的。

但是，某些變化出現了：農業革命、工業革命與科技革命。今日的我們在生活中享有極大的個人自由，這帶來眾多的選項，以及選擇的權利，而我們的雙親可能終其一生不需思考這些問題。

這麼說來，我們或許可以論定：有史以來，我們第一次真正能夠親手掌握自己的快樂。不是嗎？

耐心袋*

我們不斷地被餵食各種外來的資訊，且難以謝絕這一點，原因在於，吸收新資訊屬於我們根深柢固的動機之一。據信，有兩個因素會影響我們的抉擇，其中之一是無趣感，另外一個因素則是焦慮感。

請設想下列的情景，我們身處一個所謂的資訊點上，而它開始讓我們感到無趣，導致我們想要往下一個資訊點移動。這個過程將會持續地推進，當然，這蘊含著許多缺點。其中之一是，這將會導致更多的資訊蒐集，且將構成某種「多重任務處理」的行為，我們不斷從某一個定點跳到另一個定點。

促使我們選擇停在某一個資訊點或追尋新資訊點的，又是哪些因素呢？最常見的因素是無趣感與焦慮感。然而，我們預期駐留在目前定點的優勢，也會有所影響。同樣的現象讓我們在某個無意識的狀態下認知到，要用更有效、持久的方式來取得重要資訊，會需要折衷與取捨。

眼前的問題是，無趣感推進的速度越來越快。一項探討大學生在不同電子產品螢幕（例如手機或電腦）之間變換頻率的研究顯示，他們花在同一個螢幕上的平均時間是六十五秒[132]。更令人感到驚異的是，變換螢幕動作的總次數當中，多達一半在十九秒後就發生了。

我媽媽經常談到「耐心袋」，她特別和我的子女提及這個概念，我覺得這個詞非常有意思。她最大的嗜好是針織，以鉤針編織物品，以及十字形刺繡。我的子女傳承了她對手工藝的興趣，大女兒特別喜歡長時間坐在家裡的沙發上，用十字形刺繡編織出美麗的紡織品，小女兒今年十歲，就連她也已經有耐心靜坐一段時間，製作手工藝術品。

假如我們將這些情形和一分鐘內變換螢幕五次的情形對照，你就會感覺到，這只「耐心袋」裡面的容量，已經所剩無幾。

期待的感覺

多巴胺是一種能讓我們突然感到狂喜（例如，我們在達成某個目標、獲得獎勵時所感到的喜悅）的物質，其中一個例子是參加賽跑，跑完全程，終於見到終點線時。當你感覺

---

* 譯註：Tålamodspåsen（bag of patience），北歐人常在聖誕節前夕與親人一起製作附有精細花紋的手工紡織品。

「我辦到了！」的時候，你會體驗到多巴胺的分泌。想像一隻黑猩猩看到一粒果實，距離也夠近，足以將它從樹枝上摘下，這時，牠體內分泌的正是多巴胺。多巴胺會支持我們，直到我們達成目標、摘取果實或越過終點線。

然而，一九三〇年代的一群學者發現，假如一群老鼠必須觸壓一只手杆才能得到食物，唯有當牠們偶爾（也就是說，並非牠們每一次觸壓都能得到報酬）會得到食物時，牠們才會更頻繁地觸壓手杆。假如獲得食物的比例占觸壓手杆總次數的百分之三十到七十之間，牠們的表現會最為急切。同樣的道理也適用於人類。假如獎勵不巧又高於牠們的期望值，多巴胺的分泌將會更加旺盛。

假設以下兩種不同的情節：在第一種情節中，你每次做出某個動作（例如，按下某個按鈕），都會獲得獎勵；在第二種情節中，你仍做出同樣的動作，但不一定會得到獎勵——獎勵會三不五時、不規律地發放。對你來說，最有趣也最刺激的將會是第二種選項：不規律的獎勵。

換句話說，對新經驗的期待將會誘發多巴胺的分泌——那些並非百分之百確定、只能得出「也許」的事物——對我們而言，這是難以抗拒的情境。這也正是為什麼你一開始咀嚼飯後甜品時會感到無比美味，但之後就變得有點像例行公事的原因。學界將這種現象稱為「習慣化」（Habituation）。

多巴胺最重要的功能，是保持我們的鬥志。當結果並非百分之百確定時，這的確是我們所需要的。當我們做出有助於物種存續的行為時，會獲得獎勵：發生性行為、進食、繼續保持活動。做這些事情時，我們正在增加人類物種存續的機會。當多巴胺分泌、刺激神經細胞內的受體時，我們會感到很享受，想要一而再、再而三地體驗這種感覺。就連解決一道困難的習題時，多巴胺也會分泌，做為獎勵。

不幸的是，這也是有其缺點的。這種獎勵機制也可能誘發長期而言對我們有害的享受。我現在所指涉的，是酒精、尼古丁和其他導致成癮的物質。這些物質也會誘發多巴胺的大量分泌，好賭成性與愛吃富含油脂與糖分的食物，也是出於相同的道理。這並不怎麼健康，但仍會誘發多巴胺的分泌。

愛情也與多巴胺有關。戀愛與其他類型的愛之間的差別，就在於多巴胺。

當一段新的戀愛關係開展時，獲得的獎勵會相當廣泛。隨著時間不斷地流逝，那種剛戀愛的新鮮感將逐漸褪色，然後在某個特定的節點上會突然感覺到：這段關係生變了。通常，多巴胺也就是在那個時間點上消失的。因為你已經獲得愛情、衝過終點線，此時再也沒有什麼可以期待的了。

我們只有在「邁向」目標時，才能夠體驗到多巴胺。當我們已經站在標的物上時，是無法體驗到它的。

拋開手機，卻更加焦慮

在數項研究中，學者針對三個不同的手機使用者群體（輕度、中度與重度使用者）進行互比，他們想要瞭解這些用戶何時會感到焦慮。在一項研究中，研究人員量測用戶在持有手機，以及並未持有手機時的焦慮程度[133]。他們讓一百六十六名大學生進入一個演講廳，其中半數的學生被要求關閉手機，將其放置在椅子下方（和其他私人物品擺在一起）。之後，他們得到的指示是「安靜坐著，什麼事情都別做」。另外一半的學生得到相同的指示，差別在於，他們必須將已關機的手機交給主持實驗的研究人員保管。隨後，參與研究的受測者將自行評估焦慮程度。

這時，問題出現了，真的能判讀出這兩組人之間焦慮度的差異嗎？研究人員預測，必須交出手機的學生，焦慮程度會高於獲准將手機擺放在椅子下方的學生。研究結果卻顯示，實情並非如此——兩組人的焦慮程度相當。更有趣的現象是，使用手機程度最高的一群人（伴隨科技發展一路成長、較為年輕的人士）才過了十分鐘，就因為不得使用手機而感到更加焦慮。在接下來的一小時當中，他們的焦慮感持續增加，使用手機程度較低的群體，焦慮程度則沒有改變。

在另外一項研究中，受測者被連結到能夠測量心跳頻率與血壓的儀器上。他們無法看到自己的手機，但手機的鈴聲處於開啟狀態。在實驗的某個時間點上，研究人員使手機響起，但不讓受測者有接聽電話的機會。錯過這通來電以後，受測者的心頻、血壓，以及由自己評估的焦慮程度都增加了[134]。這沒什麼好驚訝的。

在另外一項研究中，參與實驗的受測者被分配到的任務是「安靜地坐著，不做任何事情」。隨後，研究團隊在實驗中加入一個有趣的花招——他們將受測者連結到一部能夠施予電擊（強度介於被針扎到與中等程度的牙痛之間）的儀器上。在實驗主持者離開房間前，所有參與者均被告知可以自行決定是否為自己電擊。

在這項研究中，三分之二的男性參與者及四分之一的女性參與者，至少都給了自己一次電擊。在真正開始測試以前，所有人都接受過電擊測試，因此，這個結果並不僅與好奇心有關。隨後，參與者藉由填寫問卷的方式說明，他們並不覺得電擊有多麼舒服，但與其孤獨地坐著、胡思亂想，他們仍選擇了電擊。所以，絕大多數人還是偏好「做某件事」，而非無所事事——即使這個「某件事」恰巧是負面的[135]。

無論參與者的年齡大小，只要使用手機的程度越深，無法持有手機時的焦慮程度就會越嚴重。蒐集資訊的動機，是極為強烈的，當有人阻止我們通往下一個「資訊點」的時候，這會引起焦慮感，甚至幾近於強迫症，我們實在很難「坐著不動，無所事事」。而手機被使用的原因，常在於它能讓我們從情緒中轉移注意力。

我們可以捫心自問：為何孑然一身、和自己的各種想法與情緒相處，是如此的不自在，以致於有些人寧可給自己電擊？原因在於，在許多人心中，未經過處理的情緒恐怕是相當多的。我們通常只是強行壓抑這些情緒，但隨著時間越拖越久，它們就越難以處理。這麼一來，掏出手機、讓自己麻痺，反而還比較容易一些。

坦然面對真實的情緒

當然，這並不是好現象。我們總需要花點時間想清楚某些事情、體驗某些感覺——即便這是一個痛苦、艱難的過程。我們藉由允許自己體會沉痛的情緒，對其加以處理。對於真實的感受，我們必須留意並承認：「因為史蒂芬不再聯絡我了，我感覺很哀傷。」當我們這麼做的時候，情緒的劇烈程度會有所降低。與企圖忽略情緒相較，這種做法能夠讓情感較快平復。

我們也可以告訴自己：「我真的很難過，需要空間面對這些情緒。」藉由這樣做，我們就不會那麼哀傷。壓制情緒，只會增加它的劇烈程度。

凡事都需要時間醞釀，這是我們必須接受的。出於同樣的道理，我們若三不五時面對逆境、正視自己的情緒，將能夠有所獲益。

當代的人類，注意力是相當不集中的。手機是導致我們分心的主因，外在的誘惑無時無刻不攫取我們的注意力，和我們的個人目標與興趣競爭。我們經常難以看出真正重要的事物與或多或少無意義、竊取我們專注力事物之間的差異。

我們經常難以看出真正重要的事物與或多或少無意義、竊取我們專注力事物之間的差異。

我們必須檢視自己的神經化學機制，才能夠瞭解為什麼手機這麼有誘惑力。多巴胺經常被形容為我們的獎勵物質，但是，這並非真相的全貌，多巴胺的角色可不僅是讓我們感覺良好而已，反而更傾向於引導我們選擇自己專心、關注的事物。當你飢腸轆轆，有人將食物端上桌時，你一看到食物，體內的多巴胺濃度就會升高。獎勵機制使我們做出對生存有益的事情，使我們延續自己的基因。總而言之，食物、交流與性行為能讓體內的多巴胺濃度飆升，這並無任何奇怪之處。而手機每天能讓多巴胺在我們體內分泌數達百次之多，我們當然會喜歡它。

忽視手機是一種主動的動作，需要大腦配合運作。當你準備和某人談話、相處時，你或許常會將手機擱置在桌面上。為求保險，還會將螢幕朝下放置，這樣自己就不至於分心。隨後，抗拒那種三不五時想要拿起手機的衝動，就需要你自己的努力了。

你必須這麼想：「我不能拿起手機。」

我們生來就是會主動找尋一切能夠增加多巴胺分泌的事物，要忽略這些誘惑，是需要消耗心理能量的。

研究人員在一項調查中，探究兒童與其母親之間的交流情況（沒錯，這項研究的對象並不包括父親）。在這個實例中，小孩的年齡介於七個月到兩周歲之間。研究人員想探究的是，手機是否會以任何方式，影響母親與小孩之間的關係。

調查結果顯示，手機的確有影響力。母親使用手機和她並未使用手機時相較，小孩變得更為焦躁。有些母親承認自己大量使用手機，當她們的小孩被忽視的時候會表現出更明顯的焦慮；事後，這些小孩也更難平靜下來[136]。

太常盯著螢幕更容易失去同理心

手機的使用甚至會帶來其他的後遺症。根據美國社會學家雪莉．特克（Sherry Turkle）的說法，我們感受同理心的能力在最近二十年來減少了百分之四十[137]。她表示，原因正是我們對科技類產品的大量使用。她的論點是，我們是藉由在真實生活中的互動發展出同理心，藉由看到自己的行動如何影響到其他人而學會理解及同理。只有我們在一起、獲得直接的回饋時，同理心才能夠成長茁壯。

大家都知道，人類可以用非常惡劣的方式對待彼此，這種行為在網路上似乎更常見。你在這類場合會感覺到，我們對於自己的行動如何影響到他人，是欠缺理解的。時下的許多青少年已經絕少與彼此講電話或面對面講話，人們甚至選擇使用文字訊息來處理衝突。當這種情況發生時，我們無法看到對方對我們話語所做出的反應。

心理學家凱瑟琳．史坦納－艾黛爾（Catherine Steiner-Adair）對這個現象的評語是：「若想發展出一段成熟、充滿關愛、親密、以情感為基礎的關係時，以文字訊息為主要溝通的方式，是你所能夠想到最糟糕的一種[138]。」

所以，如果人與人之間的交流在我們的生活中未能得到足夠的空間，同理心的發展將會受到窒礙，因為螢幕無法取代面對面的人際關係。

失去解讀他人的能力

另一個能夠反映我們的人際關係如何被影響的例子，是花費大量時間使用手機的父母親，其稚齡子女的面部表情發育較為緩慢。臉部表情和我們對彼此的反映，是構築人際關係的重要方式。小孩在這方面的成長，受到了阻礙。

塔克在某一項研究中，和三百名兒童進行了訪談。訪談結果顯示，許多兒童在雙親忙著使用手機時，感到既難過又嫉妒。半數的兒童表示，他們真想將手機從自己的父母手中一把搶來[139]。另外一項研究則調查小學六年級學生理解、描述他人情緒的能力。其中一組人在五天的時間裡，被禁止使用一切形式的電子螢幕，這群被禁止接觸螢幕的學生和獲准照常使用自己手機的控制組相比，更能夠分辨與解讀其他人的臉部表情、肢體語言與情緒[140]。

換句話說，成年人與兒童都需要與其他人互動，才能培養出瞭解他人情緒的能力。而這正是同理心的基石。

我常提到同理心，以及對他人感興趣的重要程度。我們必須能從對方身上認知到善良、同理心與可信任度等特質，才會願意與其合作——聘任、約會或向某人購買某商品時的道理，也是一樣的。

正如我早先所提到過的，我們會先評估善良與同理心等特質，對它們的評估比能力、資格與才幹更重要。但用數位形式是很難傳達同理心的。

當我們與某人見面時，無論是舊雨還是新知，看清楚雙方的一切共同點是非常重要的。這包括我們都喜歡的事物與活動，或者在人生的行囊中累積了哪些共同經驗。假如我們能夠找到引起共鳴的關鍵，一切就能水到渠成。

我們會自動反映相會者的神態，且模仿他們的表情——包括臉部表情、姿勢與手勢。我們正是藉由這種方式，將自己置入對方的處境。

但這一切的前提是——我們必須看著彼此。

當然也可以藉由電子郵件或手機簡訊，針對雙方都喜歡的事物或共享的愛好進行溝通，也常藉由在回信時使用相同或類似的表情符號，反映對方的表情符號。但我們終究看不見彼此。所以，Skype、Facetime與視訊會議要比講電話或寫郵件來得好。但是，這些都比不上在現實生活中相見。

把手機擺在桌面的實驗

三名來自美國維吉尼亞州的研究人員執行了一項標題為〈iPhone效應：有行動通訊裝置存在前提下的親身社交互動品質〉的研究[141]。他們研究的是：手機的出現，是否會影響我們的人際關係。

他們想要觀察的是，如果手機只是被擺在桌上，它是否仍會影響兩個人之間的談話（以及如何影響）。為了要探究這一點，他們執行一項田野調查，隨機挑選出一百名受測者，將其兩兩配對，讓他們坐著談話，對話時間為十分鐘。對話主題會是有意義、深度的題目，也可能只是一般的閒聊。

研究團隊（從遠距離）觀察對話的情形。他們記錄手機是否出現在影像中（無論是被擺在桌面上，還是被握在其中一名談話者的手上）。（以自我評估為依據的）分析顯示，沒有手機在旁的對話品質，高於將手機擺在一旁的對話品質。這個結果超越了參與者的年齡、性別、族裔、心智狀態等因素。實驗的參與者也反應，沒有手機在旁時，他們體驗到比較強烈的同理心（也就是說，自己較能夠為對方著想）。沒有人使用手機，但只要手機出現在視線之內，它就會造成影響。

在另外一項研究中，研究人員調查五百名大學生的記憶力與專注力。他們得到的結果是，那些將手機留在房間外的學生，表現比那些將手機放在褲袋但轉為無聲模式的學生要來得好。他們本人並未感受到手機對其表現造成影響，但是研究結果十分清楚：只要學生們將手機帶在身上，他們就會不專心[142]。

> 那些將手機留在房間外的學生，表現比那些將手機放在褲袋但轉為無聲模式的學生要來得好。

在一系列其他研究中，我們亦能夠觀察到同樣的現象。在一項標題為〈腦力的耗竭：你自己的智慧型手機會減低你可用的認知能力〉的研究中，研究人員得出，那些將手機放在另外一個房間裡的受測者，表現要比那些將手機放在口袋但是調整為無聲模式的人來得好[143]。

還有一項實驗，針對將（並非受測者本人的）手機與一本筆記簿擺在電腦螢幕旁邊所產生的效果進行比較。受測者的任務為解決一道亟需專注力的習題。誰的表現比較好呢？那些將筆記簿擺在電腦螢幕旁的人，解題的表現最好[144]。

不管是我們自己的手機還是別人的手機、無論它是否出現在我們的視線中，手機就是會讓我們分心。在某項研究中，研究員讓參與的受測者進行一項艱難的專注力測驗。他們當中的一部分人在測試過程中，會收到研究人員打來的電話或傳來的簡訊，但他們不能接聽或回信。這導致他們在測試中出錯的頻率，比沒有受到來電或簡訊干擾的控制組高足足出三倍[145]。

在另外一項研究中，一組人收到一封訊息，其中的某些字可以點選（換句話說，那封訊息裡附有連結）。另外一組人收到內容相同的訊息，但裡面沒有連結。事後，他們被要求回答與他們剛才閱讀過的訊息有關的問題。結果顯示：收到附有連結訊息的那一組人，記得的資訊量較少（即使他們並沒有點選任何連結）。或許連結干擾我們的方式，就是促使我們必須做決定：「我到底該不該點呢？」

所有這一切微小的決定，例如「我該不該讓自己分心呢？」會奪取我們的心理能量與工作記憶，擾亂專注的程度。而且不管我們做了什麼樣的決定，這種干擾的嚴重性或多或少是一致的。即使我們沒有將手機從桌面上拾起、就算選擇不去點選連結，這還是會耗費我們的專注力與能量。

電腦及手寫筆記的差別

我在斯德哥爾摩有一場開放給公眾聆聽的演講。我一如往常地帶上電腦、轉接器、充電器、滑鼠、我的一堆書籍與其他好幾樣東西。當我下車時，猛然察覺自己將手機忘在家裡——「噢，真是糟糕！」但我旋即意識到，我根本不需用到手機就可以完成任務。但當我察覺到它被忘在家裡時，我的感覺是……沒錯，非常挫折。

事實上，幾項研究顯示，當我們發現手機不在身上，那種「查看一下手機」的行為受阻時，我們會感到焦慮。無論實際上是否有更重要的事情得處理，我們的反應就是如此。在三十歲以下的人群中，百分之九十在未持有手機時感到害怕。足足有百分之五十五的女性寧可不化妝就出門，也不願意將手機留在家裡（能夠比較這兩種我們都不樂見的情節，其實還挺有意思的）[146]。

請想像自己正在聆聽一場演講（就假設你在聽我演講）。我提到一系列與人類行為有關係、引人入勝的範例，以及你應該如何獲取更完善的人際關係。同時也請想像一下，你坐著聽講的同時，面前擺著一部筆記型電腦——你覺得，這樣是否會影響你吸收演講內容的多寡？

答案是肯定的。

在某項研究中，研究主持人讓兩組人聆聽一場演講。其中一組人獲准攜帶電腦進入演講廳，另一組人則不准攜帶電腦。當研究主持人員隨後查看獲准攜帶筆記型電腦的那組人（在演講進行中）在做些什麼事時，他們看到受測者正在瀏覽一部分網頁，而這些網頁其實含有與演講本身有關的資訊。然而，他們也順便瀏覽社群網站，並打開電子郵箱收信。在演講結束以後，研究人員即可認定，那些帶筆電入場的受測者其實不怎麼能記住演講本身的內容（其實這樣也並不令人驚訝，對吧）[147]。

假如只允許這些人用電腦做筆記、不准他們用電子郵箱收信或查看社群媒體網頁，這個問題是否能避免？答案是否定的。這一點也已經被充分研究過。兩組受測者聆聽同一段ＴＥＤ大會*演講。其中一組人獲准用電腦做筆記，另一組人則使用紙筆做筆記。研究人員在事後的比較中發現，那些使用紙筆做筆記的受測者，更能充分瞭解演講的內容。他們也許沒有記住更多細節，但他們更深入瞭解演講的寓意。這項研究的標題非常震撼人心：〈筆的力量勝於鍵盤——手寫筆記相對於筆電筆記的優勢〉。問題在於，這樣的效應，原因何在？

> **使用紙筆做筆記的受測者，**
> **更能充分瞭解演講的內容。**

學界的揣測是，用電腦做的筆記經常淪為某種對演講者發言內容的複製——你只是將講者說過的話順序重組、再寫一次。但當我們進行手寫的筆記時，必須選擇哪些內容應該

* 譯註：由美國私有非營利機構「ＴＥＤ大會有限責任公司」所組織的年度會議，每年定期邀請各領域傑出人物演講，期盼以優秀思想改變人們對世界的看法。

要被記錄下來——原因在於我們寫字的速度通常比較慢，因此針對哪些內容應該被記下，必須進行斟酌與取捨，這也促使我們必須更深入理解演講內容。這或許也導致我們以另一種方式使用自己的身體與肌肉活動力，有助於我們更主動處理自己所接收到的內容。

我們錯過了最重要的事

控制科技，使它不至於對我們造成負面影響的第一步，在於瞭解我們為什麼這麼容易就使用科技產品（而且是以典型的「多重任務處理」方式使用），甚至無法自拔？讓我們來瞧瞧，實際情形可能是如何。

你的其中一隻眼睛或許正在看電視，另一眼則盯住手機的螢幕。而由於隔天必須完成一項與工作有關的任務，你膝蓋上還擺著筆記型電腦。

你掏出手機，準備預訂火車票，但又被某人在 Facebook 上傳的某段影片所吸引、點來觀看。下一刻，你閱讀一篇看來很有趣的文章，然後你又跳到一個應用程式裡，它提醒你，你的朋友們又上傳了某些東西。接著你想到，你必須接受邀請，參加下週四下班後的飲酒會。這些活動琳瑯滿目，但你竟沒能完成任何一項。你花了八秒鐘觀看那支影片，而在那支你認為應該很酷的影片開始以前，你還被迫花了十五秒觀看廣告。不幸的是，影片本身並不有趣；你沒能讀完那篇文章，它看來是很有意思，但篇幅太長了；那張火車票——沒錯，就是你當初掏出手機的原因——始終沒預訂完成。

然而，你還是花了二十五分鐘使用手機。在這二十五分鐘裡，實際上應該要做的事情竟然沒有一項完成。更糟糕的是，你得完成那篇工作進度報告書，而它可還沒完工。本來或許可以用這剛剛才流逝的二十五分鐘寫完工作報告，但你浪費了時間，現在甚至還忘記自己的報告究竟寫到哪裡了。

這就是生活中會發生的實情，當我們受其他事物吸引、分心時，實際上應該專心處理的正經事可能就有一部分得從頭開始做起。每經歷一次干擾，你就得重新在心裡勾勒出工作報告書內容的影像。

當我們如此頻繁地變換螢幕時，我們的體內又發生了什麼樣的反應呢？

在數項量測皮膚電導反應（GSR，Galvanic Skin Response）的研究中，研究人員發現，當我們即將從一個與工作任務有關的螢幕（文字處理系統或資訊搜尋網頁）轉換到另一個更加強調娛樂活動（影片、遊戲、Facebook、Tinder 或其他應用程式）的畫面時，我們會感到興奮[148]。

皮膚電導反應，意指包括壓力、焦慮或不安在內的情緒，在我們的交感神經內部，帶來細微的變化（當接觸到壓力時，這個系統會啟動逃生與戰鬥反應、使我們的身體準備好採取體能動作）。這會導致皮膚的電阻值發生變化，並根據情緒與體內不同類型的狀態改變。假如你將微小的電極固定在皮膚上（例如手指），就能測量電阻值。當我們盯著與工作有關的電子產品螢幕時，這個所謂的「興奮值」相對較低。例如，當一個學生即將拋開無趣的學校作業，準備觀看某些與娛樂有關的內容時，在變換螢幕動作前三十秒，你就能測到顯著提高的「興奮值」。

這也並不奇怪。我們不就常常選擇更好玩的事物，拋開不怎麼有趣但或許更重要的正經事，而本人完全沒意識到發生了什麼事嗎？然而，我們似乎依舊堅信，自己能夠承擔使用科技產品所帶來的後遺症。

太過高昂的代價

「無趣」被定義為「一種對現存乏味活動或情境的躁動與惱怒感，一種對開啟更有趣事物的需求」[149]。另外一個定義則是，「無趣是一個人對其所從事活動或所處的環境缺乏意義，所感受到的焦慮。」[150]

假如我們參照數十年以來針對學習與行為的研究，很明顯可以看出，獲得獎勵的間隔時間越短，重新做同一件事情以便再得到獎賞的動機就變得越強烈——手機遊戲就是根據這種原則設計的。當我們收到針對訊息的答覆時，這也是某種獎勵。這個圓圈變得越來越狹窄，隨著無趣感變得越發強烈，我們的「耐心袋」變得越來越單薄。

換句話說，我們在尋求獲得獎勵的新機會。

以電子郵件與社群媒體網站為實例，我們收到的郵件裡包括大量廣告信函或無趣的郵件，沒有它們，我們依然能自在生活。但三不五時，總會浮現一封非常有趣、夾帶著好消息、有趣的資訊或工作邀約的電郵，它能讓我們過上美好的一天。

同樣的道理適用於社群網站。大部分內容既無趣又言之無物，某些內容甚至讓你感到惱火，但我們在突然間看到一則非常有趣、好玩的發文，這則發文將喚醒正向的感覺，甚至可能讓我們按讚，這就像贏得樂透彩一樣。我們就是為了這些（極少數的）片刻而活著，也準備付出代價——想想我們為了獲得獎勵所浪費掉的一切時間。

所以，這些持續性的獎勵到底對我們造成什麼影響？現代小孩的「耐心袋」是否已經如此空虛，以致於學校作業顯得極其無聊、不夠具有獎勵性，令他們無法忍受？我們是否已經喪失了無所事事，或專心處理無法隨時獎勵我們的習題與工作的能力？

今日，我們的大腦處在一個未知的世界裡。根據這些針對我們能在多長時間內專心處理同一項課題的自我評估，能確切地觀察到包括缺乏專注力與過動等類似ADHD（注意力不足過動症）的症狀（這一點在兒童與青少年身上格外明顯）。這些症狀與玩電腦遊戲有關聯性，測量的結果已經被解讀為「與打電視遊樂器有關、高度刺激與迅速地轉換關注，可能會削弱兒童對比較沒那麼有趣、刺激的活動（例如學業）保持專注的能力[151]。」然而我們還無法確切地斷言打遊戲是否真的是造成問題的原因，抑或有其他影響兩者的變數。

除了對工作與學業的關注度以外，對人類來說，如果要真正達到感覺良好，還有其他相當重要的因素——那就是寶貴的獨處時間，進行深度思考、反省所需要的時間。向後退一步，讓其中一個想法接替另一個想法，完全根據自己的步調前進。就讓我們所有的想法自由自在地流動，真正重要的情緒，是那些在獨處時經常感受到，並加以調適的情緒。

這和以目標為取向、為完成各種任務而必須採用的思考模式相較，是另外一回事——這樣的情境包括職場、買菜、處理不同的勤務、協助小孩穿衣服，或準備一場演講。

對於我們的績效與創造力來說，自由的思維空間也相當重要。當你感到完全放鬆時，所有引人入勝的主意都會在你的腦海中浮現。

你該從事什麼樣的工作？哪些人對你來說很重要？你真正需要什麼？對哪些事物真正

感到熱情？這些自覺，將能協助你保持在正確的人生道路上。

奪回主控權的方法：正念

要能完全、成功地「活在當下」，是一門藝術。

也許你已經做了計畫，今天晚上要洗個三溫暖，而後，當你坐在蒸氣浴的浴缸裡時，你又開始思考，稍後要看哪一部電影，還要煮上一杯紅茶，邊看電影邊喝茶。接著，當你已經在觀賞電影時，你竟無法好好地享受它。你也沒能品味那杯茶——因為你已經再度超前一步，思考著該如何寫完那份工作報告書。

所以，即便你已經洗完三溫暖、看完電影、喝完茶，你其實都沒能真正樂在這些活動之中——而你實際上很喜歡，並且本來很期待這些活動的。我們就是因為這種狀況，失去人生中的片刻。到了最後，或許可以宣稱：我們錯失了人生中大部分的事物。

你可以運用一些具體的方法，藉此駕馭自己對電子產品螢幕的依賴性與焦躁不安的行為。正念（Mindfulness）就是其中一例，藉由不同的正念練習，以一種有意識的方式進行日常生活中的各種活動。

絕大多數人，極少意識到自己的想法與情緒，我們鮮少完全意識到自己所處的當下，

我們要不是在計畫將來、就是在費心思考過去發生的事情。而每一個無所事事的時刻，都促使我們拾起手機。

要不是在計畫將來、就是在費心思考過去發生的事情，而每一個無所事事的時刻，都促使我們拾起手機。

《祕密》（*The Secret*）一書中描述的一項簡易正念練習：全神貫注地將手中的茶喝完[152]。其目的在於，你必須向自己顯示，全神貫注地活在當下，感受將會是如此的不同。就算這感覺很荒謬，還是請你這樣做。全神貫注是很困難的，因為這會誘發使你感到艱困、棘手的情緒。只要持續忙個不停，你就不需要釋出那些在其他情況下很容易就浮上表面的情感。

當你從事這項練習時，請假裝自己來自另一顆行星，過去從來沒有見過茶水。目的在於使你全神貫注地體驗喝茶的滋味，經歷它的所有層面。

研究一下你的茶杯，觀看手中茶水的顏色，看看杯子裡是否有茶葉或碎屑。

或許它們正在茶杯裡打轉，請看看它們是如何旋轉的。

然後，聞聞茶水的味道。

它看起來有多燙呢？

你是否為了它的氣味感到喜悅、沉靜或狂喜？

當你到了最後品嚐茶水時，請留意茶水進入你的口腔、迎向舌頭之際，是什麼樣的感覺。

隨後，當氣味在你的口腔中散播時——你的感覺如何？

在你習慣以這種「正念」的方式喝茶以後，請思考一下，這種方式和你過去喝茶的方式，有什麼區別？

另一種能夠更充實地「活在當下」的方式為冥想。基本上，冥想是一種使你意識到當下、此時此刻的簡單練習。它不會耗費大量時間，更不需要任何特殊背景。

冥想練習法

首先，請找個清靜、不受干擾的地方。剛開始的階段，每天花上片刻（例如五到十分鐘）練習是恰到好處的。在你感到逐漸熟悉這項練習以後，即可增加時間長度。假如你有意願，可以使用計時器進行設定，在你打算冥想的時間點（分鐘數）響起。

你不必太拘泥於坐姿，可以坐在枕頭上、地板上或椅子上。

如果你選擇坐在椅子上，請將身體保持在椅子的前半段，不要讓你的背部接觸到椅背。

然後，請按照下列步驟進行：

1挺直背板，請盡力找到某種能使你感到舒服的姿勢。

2閉上眼睛，讓肩膀沉降下來。感覺到自己放鬆的過程。將雙手手掌貼在膝蓋，或以其他舒適的方式放置。如果你聽見任何聲音，請花上片刻仔細地體驗這些聲音。

3隨後將焦點轉移到：你的身體感覺如何。你的雙足、雙腿感受如何？你感覺自己是否坐得穩妥？你所坐著的平面是堅硬的還是柔軟的？你的雙手、雙臂、背部、脖子和臉部感覺如何？

4然後將注意力轉移到你的呼吸，感覺如何？當空氣進入你的鼻腔時，感覺如何？氣流將會通過咽喉，一路進入你的雙肺，再循原路徑往上。這樣的思維，並不在於要你改變某些正在發生的事情，只是要你靜靜地觀看。請仔細地觀察你的每一次呼吸，彷彿那是你出生後的第一次呼吸。之後，在冥想的過程中，請繼續保持這樣做。

5當你專注於自己的呼吸時，想法就會開始湧現。請記住，冥想的目的並不在於攔阻這些想法。這些想法是攔不住的，它們會偷取你的專注力——這是冥想中可以被預期的一個環節。我們姑且這麼說，你突然察覺到，自己不再專注於呼吸，反而關注起某個情緒或想法。這時，請平心靜氣地記下這些情緒或想法，之後，再將全部的注意力轉回自己的呼吸韻律之上。每當有一個新的想法浮現時，請按照這樣的方式將注意力轉回呼吸之上。例如，假設冥想時間為三分鐘，你或許會在這段時間內，以每五秒鐘一次的頻率將焦點轉回。請別因此就認定自己的冥想過程毫無價值。凡事總有第一次，隨著時間過去，你將會漸入佳境。

當你能夠活在當下，享受這種「無所事事」的情境時，你將能夠更輕易地抗拒手機的誘惑。

TIPS

動機駕馭指南：知識篇

我們是好學的。我們想要瞭解自己、其他人與各種不同的現象。能夠滿足好奇心與對知識的渴望，是很有助益的。它會啟動獎勵機制中心，促使多巴胺分泌。從演化學的角度來看，這曾經助我們一臂之力，讓我們存活下來。

學會判讀天氣的變化、該以何種方式在哪些地方找食物，以及如何保護我們最親近的人，讓他們免於受到猛獸攻擊。好奇心與新資訊協助我們，讓人類製造出更好的工具。新知識使我們擺脫穴居形式，並成功地蓋起房子，也協助建造船舶，將我們載往更優質、更肥沃而富饒的地區，或者擺脫敵人。新知識也能帶來地位——見多識廣的人，在團體中是一項資源。

我們也必須保持警戒，而我們是經常會分神的。心不在焉地躺臥著、日復一日地在一棵栓皮櫟樹下打盹，是無法取得食物、也不能在飢餓的野獸開始撲上來時，提供任何保護。保持警戒在今天仍然是良好的特質。然而，這不僅僅是良好的特質而已。原因在於，我們的生活環境經歷了全面性的變化。

我們這股持續搜尋新資訊的動機，造成數位產品的過度使用。所以，必須找到能夠用於日常生活中的明智策略，能讓我們駕馭科技，而非任由科技駕馭我們。

以下就是幾點實用的建議。

在家裡或工作場所這麼做

1 啟用近距離原則

放在自己身旁的任何物品影響你行為的幅度，都會高於被你扔在遠處的物品。假如你將各種誘惑擺在自己周邊，你就會受到誘惑。換句話說，如果想要多培養某種行為，就請將它移到身邊。如果想要排除某種行為，就請將它移開。營造一個「零誘惑」的環境。

2

測量手機使用程度

一天當中，你總共掏出手機幾次？你一天花多少時間使用社群網站？多常檢查自己的電子信箱？某些手機生產商設計出一種功能，讓我們能取得自己每天使用手機的總小時數與分鐘數的統計數據。這一點就很有價值，如果你感覺良好，就請繼續保持既定的路線。假如你感覺想要改變自己對電子產品的使用習慣，可以從藉由手機設定來限制你盯著螢幕的時間做起。

3

減少那些不樂見的行為

你可以藉由關閉那些最不重要（可能也是最容易成癮）的應用程式推播通知，限制自己盯著電子產品螢幕的時間，不要讓這些通知駕馭你。也可以將那些最容易導致成癮的應用程式放進資料夾裡，使它們變得較難以取得。試著在沒有手機的情況下，度過更長的時間。建立新的神經通路在起步時會很困難，但越到後來，會變得越容易。我本人盡可能將手機保持在無聲模式。有時，甚至會將它塞進盒子裡蓋上，隨後將那只盒子放進衣櫥最上方的櫃子裡。

4 獎勵正確的行為

當你完成作業以後，就能設定以瀏覽 Instagram、Facebook 或 Tinder 做為獎勵，重點在於你得堅持自己所設定的規則。假如正事本身很無趣，但通常能為你帶來最大的效益，也可以將此設計成一種遊戲，讓自己藉由抗拒某些事物獲得積分。例如，你花在手機上的總分鐘數越少，你就能獲得越多積分。

5 避免「多重任務處理」

假如你想要將自己的潛能發揮到淋漓盡致，就必須專心致志、全心全意處理單一任務。很不幸的是，當我們在讀報、查看社群網站與回覆簡訊之間轉換時，我們在生理上會受到刺激。搜尋新資訊、探索新環境是人類身上一股相當強烈的動機，它連結到我們的獎勵機制。在你完成工作任務或習題以前，請訓練自己抗拒那股半途而廢的誘惑。試著一步一步來。這種情況下，你會獲取最高的績效。你每次任由自己被打斷時，最多得花上二十五分鐘，才能回到中斷前的專心程度。

6 採用手寫筆記

假如你在開會過程或聽講時必須做筆記，請使用紙筆。用電腦打字的筆記內容表面上更詳盡、字面上更完整，但它們的品質遜於手寫筆記。原因是當我們以手寫方式做筆記時，我們必須先經歷一段過程，將接收到的資訊進行加工與吸收，而後才能將它們記錄到紙上。手寫的筆記內容更明確、更精準、品質更好。此外，我們在書寫過程中也能進行思考，所以能夠學到更多。數位化筆記充其量只是複製既有的資訊。

7 使用飛航模式

行車時開啟手機的飛航模式，想必是我們所能夠採取的最重要措施之一。如此一來，手機就不會接收到簡訊，或其他在開車時引誘我們查看螢幕的通知。結論是，我們的行車安全將會有所提升，也可能避免更多人命的犧牲。

8 使用老式鬧鐘

如果你使用的是老舊且外觀老派的鬧鐘，就不必將手機帶進自己的臥室裡。假如你在就寢前仍然會查看手機，請降低螢幕的亮度或將螢幕的光線調整為紅色調，而非使人精神抖擻的藍色系。

9 閱讀紙本書籍

請多閱讀紙本的書報而非電子書籍。同樣的道理也適用於小孩，這麼一來，就可以免受手機上其他各種內容的干擾。同時，也可以避免螢幕上使人難以入睡的藍光。

10 保持自覺

身為人類，我們會選擇獎勵性質最高的事物，同時避免使人心生不快、未知或具有不確定性的選項。因此，我們會選擇速成的獎勵，避免具有長期性或需要更加努力才能取得的獎勵。應用程式和社群網站都經過特殊設計，在適當的時間間隔內給我們獎勵（這適用於百分之三十至七十的案例）。使我們不斷回頭查看應用程式的，也正是這項心理原則。獲得獎勵的機會，導致我們難以完全用意志力抗拒誘惑。

11 多親近大自然

在某項研究中，研究人員讓大學生在自然環境中，或者在一條車流量龐大的都會街道上，散步一個小時[153]。隨後，他們獲邀進行記憶力測驗。結果顯示，那些在森林中散步的學生，工作記憶獲得了顯著的提高。研究人員在罹患注意力不足過動症或抑鬱症的青少年與兒童身上，也觀察到相同的正面效應。就算只是一張自然環境的照片，都足以產生效果。

12 多進行「正念」與「冥想」練習

請找到你個人專屬、能讓你活在當下並控制自身行為的模式。設想一下，當你完全放鬆的時候，會想到多少令人興奮的事情。例如，你應該從事的工作？哪些人對你來說真正重要？哪些事物又是你真正需要或毫不需要？想想你的熱情所在。

13 選擇JOMO（錯失的樂趣）而非FOMO（錯失恐懼症）

最後，請關注於你眼前的事物，把握當下，此時、此地。請選擇「錯失的樂趣」（JOMO，Joy of Missing Out），而非「錯失恐懼症」。請忽略發生在網路上的一切，爆一碗爆米花、沏上一壺茶、拾起一份報紙或一本書，坐到沙發上，好好地享受此時、此刻。在此也特別小小提醒，這個步驟可能會需要一點練習，因為錯失恐懼症會刺激我們的焦慮系統。

後記——

你要將自己的人生帶往何方？

「你是否曾覺得，這樣只是在重複過去？」我母親問我。當時是午後，之前已經一連下了好幾天的雨，但就在那一天，天空中沒有一片雲朵，晴空萬里、空氣顯得凜冽，時序才剛由十月轉入十一月，每天的日照時數越來越短。那深具奧蘭島（Åland）*特色的紅色柏油路面被陰影籠罩，但位於我們右手邊的田野則映照在陽光下。田野是如此青綠，以致於你幾乎會以為這是夏天。

我心中為之一震。她是在暗指大自然和四季嗎？或者，她也許在暗指停在那條通往農舍、狹小的礫石路面上的那台牽引機？

「你是什麼意思……」我才開口，但旋即補上一句：「喔！我懂你的意思了！」

我直到現在才瞭解。就在一天以前，同樣的想法才剛剛掠過我的思緒：當我和妹妹瑪麗安娜年紀還小的時候，我們曾和母親與外婆愛諾住在這裡。外公麥提開車將我們載到小屋，並在這裡度過週末時光，隨後他就回到位於斯德哥爾摩的工作單位。此時，我們大家又在此團圓了（家庭結構就像我小時候那樣）。一個外婆、一個母親、兩個女兒。只不過當時的我是其中一個女兒，現在的我則已經身為人母。

自然環境沒有發生變化。小屋沒有發生變化。人類也沒有變化。人做為個體，也將不會有所變化。我們（身為人類）與我們的動機都是常數。在過去兩百萬年以來，你我看來都是相似的。同時，我們的生活環境一而再、再而三地經歷變化。我們的環境是一項變數，和百年前的環境相較，當今的環境已經截然不同。假如再倒帶五百年，那時候的情形和五千年前相比較，又是截然不同。

我們的動機經常牢牢地抓住我們不放。只要我們對它們的力量毫無自覺，就會成為無助的受害者，受到它們影響。它們在人生旅途中，會一再地讓我們栽跟頭。假如我們瞭解自己的動機，就能夠學會與它們共處。

---

* 譯註：位於波羅的海上、瑞典與芬蘭之間的群島，為芬蘭的一個自治區，但島上以瑞典語為主要語言。

大家都有能力左右自己的成長與發展，操控自己在人生中所選的道路；但我們必須具備自我認知，才能做到這一點。要想做到認識自己，必須採取夠坦然的態度，才能對自己提出質疑。直到我們充分意識到自己的思維與行動模式，才能真正改變自己。我們可以藉由改變自己的思考或行為模式，來獲得改變。

假如我們瞭解自己的動機，就能學會與它們共處。我們都有能力左右自己的成長與發展。

生而為人

人類的額葉面積是很大的。它是大腦位於頭部正面的區域，就在雙眼的上方，而它也正是主導我們思考過程的區域。人類的始祖有著外型更傾斜的頭部，其眉骨也更為前凸。相反地，我們的額頭相當平坦，能讓我們將帽子穩妥地戴上。要是沒有功能正常的額葉，就會被困在當下、被現存的刺激元所制約，陷入某種永恆不變的「當下」。我們將會欠缺為明天設想的能力，因此，對於明天所帶來的改變或挑戰也將會渾然不覺、無憂無慮。事實上，這種狀態在動物世界當中算是常態，而我們（人類）則是例外。

最初的數億年間，在最早的生命跡象出現於地表後，所有物種的腦部基本上都處於這個狀態。但大約在兩百萬至三百萬年前，人類開始脫離這種永恆般的「此時此地狀態」。為我們帶來這項改變的，正是額葉。這一塊高度專業化，由充滿皺褶的灰色組織所組成的物質，代表著人類大腦最新階段發展的核心與精華。它也是兒童腦部最後發育完全的區域，當一個人邁入老年期時，亦是腦部功能首先開始衰退的區域。

額葉增加了我們思考、反覆思索與反省的能力，協助我們在生存的環境中找到方向，和同類一起應付不同的場景：瞭解什麼時候可以感到安全無虞？何時可以放鬆警戒心？但我們同時也得知道，哪些情況下必須保持警覺。換句話說，大自然讓我們找到能夠刺激身上營造幸福感的神經化學物質的情境，同時，也要避免那些讓我們感受變差且感覺到害怕、焦慮或不安的情境。

藉由這樣的運作模式，生存機會提高了。

你的個性與動機

你或許還記得，我們在這本書的開端曾經探討過什麼是個性。我們也曾探究過流傳最廣泛的性格理論，亦即「五大性格特質」。我們試圖藉由這項理論將針對個性的觀點系統化，將一定數量、相似的特質歸結為五個比較大型的群組，以及較顯著的性格特徵或類型。

即使你我每天的心情都不同，這五大性格特質在日常生活也不會有重大的差異性。反過來說，它們是相對穩定的。在一定程度上，甚至會重疊。但即使這些性格類型相對穩定，人類（仍然有希望）繼續在人生旅途當中改變自己。最大的改變發生在二十歲到四十歲之間，但在這個階段之前，以及在老年期間，個性還是會發生變化。

某些人在其一生當中，會經歷許多變化，也有人的改變不大。一個常見的變化為，隨著歲月流逝，人在情緒上會變得比較穩定。一般來說，我們也變得較友善、更溫和、更有同理心、更有自信心、更平靜，也能負擔更多責任。或許，這就是所謂的成熟吧？不管怎樣，我們希望實情就是如此。

檢視列於「五大性格特質」中的性格類型，我們很容易會聯想到這些不同的性格類型有其不同的弱點與優點。根據所屬的性格類型，你對某些事物比較專精，對其他事物的掌握度就沒那麼高。你對某些情境比較能適應，但難以應付其他情境，我的理論是，我們陷入負面（也許甚至還具有毀滅性）行為模式的傾向也不一致，而這和我們的三項動機有關聯性。

> 某些人在其一生當中，會經歷許多變化，也有人的改變不大。一個常見的變化為，隨著歲月流逝，人在情緒上會變得比較穩定。

例如，和友善、具有良知的人相比，情緒上不穩定的人士可能較難以建構人際關係。情緒不穩定的人反應可能更激烈，對事情的懊悔反應較為強烈，對於孤獨與無法取得並使用自己的手機，他們的反彈也更猛烈。性格類型屬於「友善」的人士和其他性格類型的人相比，可能比較不熱衷於對權力與地位的競逐。

和那些一絲不苟或情緒上不穩定的人相比，個性較為坦誠、外向的人士或許比較容易結交新朋友。也許，那些深知自己屬於這個類型（性格外向）的人在一段舊的關係結束時，能夠更輕易，也更自在地尋得一段新的關係。但從另一方面來說，這些人對孤獨的反應可能比較激烈。因此，他們較可能深陷於對自己不利的人際關係中。

此一時，彼一時

數百萬年以來，人類持續不斷演進。我們做為一個物種，逐漸去蕪存菁、獲得改善。我們的長輩，就是那些最能夠存活、繁衍後代的個體，這代表，你我的想法與行為表達出人類過去生活環境中，在總體上最適合生存的模式。

但這並不表示我們身上所有的特質，在當時都是最優秀的。在當今的生活環境中，有更多特質已經變得不那麼適當。在人類過去的歷史進程中，有一系列的特質帶來生存優勢，但同樣的特質到了今日，卻是毀滅性的。我們可以料想到，下面這個問題必然會浮現：假如這些特質在今日構成演化學上的缺陷，它們是否會隨著時間而被淘汰掉？或許，它們反而會演變成在演化學上具中立性的特質？還是，它們會隨著時間流逝再度變成演化學上的優勢？

的確，這一切都無法確切預知。我們只能在最小範圍內，進行零星的揣測。但我們確知演化歷程塑造人類（當然也包括了其他物種）的過程，是極其緩慢的。我們還知道另一件事——某個特定物種生存的環境，必須在一段相當長的時間內保持相對的固定性，該物種才有時間充分地適應環境；也就是說，朝某個特定的方向發展。

我們今日所處的環境，絕非固定不變的，反而是極其多變。這就是我們沒有充分時間去適應它的原因。當某個物種的生活環境變化速度過快，演化進程就沒有機會「完成任務」。

壓力與超能力的差異

總而言之，這三項動機可能會製造陷阱、誤導我們，輕易地讓我們栽跟頭。但我們可以訓練自己的能力、意識到這些動機是如何操控我們，甚至可以學會運用這些動機，使其助我們一臂之力。我們可以決定，將它們變成自己的三種超能力！

此時，就在你讀過本書之後，你將會知道：對人類而言，能夠感覺自己有所成就，意義是多麼的重大。假如你告訴某人，他／她對你而言有多麼重要，你的話語對當事人而言，想必會和黃金一樣貴重。所以，請盡量讓他人感到自己的重要性，他們會因為這一點而喜愛你的。

假如你希望自己每天都能擁有成就感，則需要獎勵自己的正確行為。每天定義出一件順利完成的事情，感受一下「耶！我辦到了。」的雀躍，請務必記住，達成眾多的小型目標以後，你才有機會實現大型目標。

論及其他人對我們所造成的影響時，他們的表現與我們自己的表現之間存在著相當密切的關聯性。假如你認定自己落後，這會促使你拿出更好的表現，不過這只在你些微落後時，才有可能實現。可以想想該如何將自己的競爭意識，與對地位的追求當成刺激物使

假如你希望自己每天都能擁有成就感，則需要獎勵自己的正確行為。

用，藉此讓自己的表現更好。但請千萬別拿自己和伴侶比較，你們可是隊友。

我們的確是具有社會性的物種，也很想成為「群體」的一分子——但也不必羞於與眾不同。那些導致你試圖抑制自己、裹足不前的，只是心中「專注於生存的念頭」，實際上，這一切並沒有你所以為的那麼危險。請牢記這一點。

社交性（通常）也讓我們更具有生產力。所以，假如你知道自己在與他人有所交流、互動以後會變得更加有效率，在你面臨必須拿出好表現或感覺正面的情境時，務必要考量到這一點。這種情況下，請你別應徵一項沒有任何同事相伴的工作。

一而再、再而三地與同一個人見面，有其優點與缺點。假如你經常見到某人，可能會情不自禁地開始喜歡上她／他。此外，假如你（藉由某種方式）反映某個人的想法或行為，對方也可能開始喜歡你。

在重要的場合必須拿出好表現時，藉由有觀眾在場的視線，你會取得比較好的結果。

就連你的決定也會受到他人影響，所以，盡量讓你周圍的人和你享有相同的價值觀。

群體的意見是很有分量的，我們會讀別人也在讀的書，聽別人也在聽的歌曲。即使在某些情境下，我們明明知道正確的答案，卻仍然跟從群體的意見。就算群體的意見是錯誤的，我們仍相信它是正確的。所以，請留意：假如你能確保自己率先在會議中發言，和在同一場會議的後期才發言相比較，你的想法與建議會更容易取得共鳴。

接著，請讓自己置身於積極、能夠啟發與鼓舞人心，且不會偷取你能量與生活中喜悅的人們身邊。也請盡可能避免過度操勞、壓力、疲倦與飢餓。當然，事情不可能永遠如你所願，但請盡力而為。

這本書所提到的第三項動機——對刺激元與新知識的渴望——驅策我們，使我們保持忙碌。但是對手機、平板電腦與電腦的高度依賴，導致我們無法獲得獨自安靜沉思、反省的寶貴片刻。那是各種思緒與情感不受拘束、來去自如的時刻。

我們當然需要電子產品以便執行自己的工作，以及和他人溝通。但很不幸地，論及人際關係、表現與睡眠時，數位化科技降低了我們的生活品質。何不閱讀一本書、聆聽一部有聲書、去聽一場演講，或參觀某個沒去過的地點呢？知識，能讓你的感覺更為良好，但是，請謹慎選擇你如何接收知識。

請選擇JOMO（錯失的樂趣），並且擁抱彼此。這會使你和其他人變得更有同理心、也更慷慨。

所以，你現在打算怎麼做呢？

奧斯卡．王爾德（Oscar Wilde）曾經寫過：「我能抗拒除了誘惑以外的一切。」本書的三項動機，正是在探討誘惑。

我們假設，論及其中一項或數項動機時，你很想改變自己。根據你的預期，這麼做的難度有多高呢？換句話說，人們成功改變自己身上特質的機率有多高？我們改變的潛能有多高？

首先，個性的改變與行為方面的改變有關。

史蒂芬．艾因霍恩（Stefan Einhorn）在《新重罪》（*De nya dödssynderna*，暫譯）一書中提及：「一項改變的行為，不見得會自動引向性格方面的變化[154]。」或許這並不總是我們所樂見的，但一般來說仍可以斷言：改變一項行為，要比改變一整項性格特徵來得容易，但這並不代表改變是容易的。這將會需要相當可觀的紀律。

其實一切都需要紀律，你可以讀到啟發人心的故事、獲得實用的健身竅門，或學到

> 某個影響人類可變化程度的因素，是我們對自己可塑性的認知與信任度。

各種不同的健康飲食法，但到了最後關頭，終究還是你得完成任務。除此之外，我們也必須意識到，某些行為比較容易改變，其他行為則較難以撼動。同時，也可以使用不同的方法，但某些方法管用，也有些不管用。

某個影響人類可變化程度的因素，是我們對自己可塑性的認知與信任度。假如你心裡想的是「我就是這副德性，無法改變」——你的自我改變潛能就會受到阻礙，過程將會很艱辛。但你如果認為自我改變是可能的，過程自然就會變得比較容易。你甚至可以只閱讀一篇關於大腦可塑性與發展契機的文章，然後就比較容易改變自己身上的某種行為。

假如其他人誇獎你，這是否比較能夠讓你改變自己？嗯，這取決於你是因為自己的智力，還是過程中付出的努力受到誇獎。假如你是因為自己的努力，以及執行任務的方式受到誇獎，你的動力和愉悅程度將會有所提升，得到良好結果的機會也將隨之提高[155]。我們始終可以決定自己的努力程度，畢竟這是自己所選擇的。然而，假如你是因為智力受到誇獎，就會被灌輸一種感覺：「我無法左右自己的表現，因為它受到我（與生俱來）的智力操控。」

能夠發揮影響力的感覺，也足以成為另外一個重要因素。假如我們感覺自己能夠掌握人生，而非任由別人做決定，或者感到自信且獲得接納，這將會使你更加投入、勇於承擔難度更高的課題、變得更加外向，表現也會更上一層樓。

然後，我們也必須考量到社會壓力。即使你內心對道德有充分的認知與見解（包括常規與價值觀），還是可以觀察到：其他人的想法對自己仍有可觀的影響力。其他人關於對錯的想法，會對你造成影響。假如你的某個親人被視為好榜樣，這種影響將更加強烈。如果這個模範生表現得奉公守法，這將會使你有樣學樣。出於同樣的原理，假如你的某位親人在考試中舞弊，你本人舞弊的可能性也會提高。我們深受周遭環境的影響，如果我們的母親或父親表現出某種行為，我們也會傾向於模仿這種行為。

如果你想要改變自己，請檢查一下，你是否符合下列三個先決條件？

若能做到，你將獲益良多：

1 你是否意識到該項行為？

2 你是否想改變這項行為？

3 你是否願意執行必要的任務？

隨後，你應該設定循序漸進的目標，而不是直接瞄準終極目標。

另一個重點是「學會接納」。並非所有細節都能按照計畫執行，在某些時刻，你必定會感到自己前進一步，卻倒退兩步。但這就是事實，人生就是這樣。你只能勇往直前。

你正在開發自己最大的潛能

關於與生俱來的三種動機，你現在已經掌握了可觀、大量的新知識。但重點是要審慎思考，什麼事物對你來說才是最重要的？哪些事物能讓你感覺良好？你希望在人生中優先處理哪些課題？你是否有想要親手達成的目標？

弄清楚這幾點的時候，你就已經事半功倍，因為此時就能推算出，自己必須具備哪些條件才能達到目標。建立新的習慣，乃至於在自己體內打造新的神經通道，都是需要時間的。但是，你必須沉住氣。因為，一切努力都是值得的！

我有一個相當謙卑的願望：希望你所掌握的這些關於人類三項動機的新知識，能夠在你的人生旅途中陪伴你。在旅程當中，它們能協助你定位、找到正確的航向——這將使你能夠獲取更多讓你衷心感到喜樂的事物。

我願以下列這番話語作結：假如你有幸長壽，而且能夠真正活到高齡，我能夠料到，你想必會回顧自己的人生。你或許會思考，一切何以會變成如此？「我是否在自己的人生中，做了正確的抉擇？是否對自己，以及對我最親近、親愛的人採取了正確的行動？」

此時，我希望你的答案，將使你全身上下充滿寧靜與暖意。

祝　順心

安潔拉・雅赫拉

附錄——

關於性格心理學

每個人的性格，都很獨特。終其一生，我們的性格或多或少是穩定的。然而，我們的行動仍然會根據所處的情境，以及周遭的人而產生局部變化（而這也是非常自然的）。我們必須要能夠適應，畢竟這使得我們得以存活。

針對性格的定義可以是「源自於生物或環境因素的行為、認知與情感」或「存在於一個人身上，且隨著時間流逝仍能保持相對的固定性、不受脈絡影響的行為[156]」。

五大性格特質

我在這本書的開端即已探究過「五大性格特質」。它根據下列五項總體特質，描述我們的性格：

一、**外向行為**

善於交際、充滿自信、積極、健談、充滿精力、熱情、喜歡交友，且經常在群體脈絡下擔任領袖的角色。擁有眾多的人際關係，以及尋求刺激元與令人興奮事物的傾向。喜歡他人的陪伴，經常是各種派對的焦點。

一個外向的人，不會表現出保守與退縮的行為。

二、**對經驗的開放程度**

好奇心、足智多謀、勇於冒險、有創意、具備想像力、承擔挑戰、欣賞不尋常的主意、想像力豐富且具備審美觀、對細微的情緒變化、價值觀與新的想法相當敏銳。能夠欣賞藝術，以及豐富多彩的經驗。

一個開放的人，不會表現出過於謹慎與拘泥的行為。

三、**友善**

溫和、善體人意、具有同理心、樂於助人、同情心、能夠感同身受、善良、無私、可靠、慷慨、寬宏大量、願意與他人合作。能夠感受到對他人的信任與信賴。我們通常會向這類人尋求慰藉。

一個友善的人，不會顯得難懂、炫耀與不可信賴。

四、謹慎

注重細節、有效率、精確、可靠、有條不紊、以目標為導向、計畫縝密、忠於職守且重視傳統價值。擅於抑制自己的衝動。有表現的慾望，充滿自律，且做事有條有理。

一個謹慎的人，不會表現出馬虎、漠不關心與魯莽的行徑。

五、情緒不穩定性

與大量的負面屬性共存，傾向於充滿焦慮、不安、緊張、不穩定、鬱悶寡歡、容易被激怒且敏感。極易體驗到罪惡感、憤怒與抑鬱等情緒，相當脆弱，對壓力極為敏感。

一個情緒不穩定的人，不會表現出沉靜、自信、放鬆等特質，也不會在面臨壓力時表現出情緒的穩定性。

可測量的關聯性

研究人員曾經藉由fMRI（Functional magnetic resonance imaging，功能性磁振造影）量測大腦內部不同區域的大小，並且觀察到「五大性格特質」的其中四項可以被連結到大腦中的特定區域[157]。

- 外向行為和大腦中處理獎勵區域的大小有關。
- 情緒不穩定性和腦內與威脅、處罰及負面效應產生連結的區域大小有關。
- 友善與判讀他人意圖及心理狀態的區域有關。
- 謹慎與規劃、藉由意志力控制行為產生連結的區域有關。

就連我們體內的神經化學機制都牽連其中。外向性與開放都與多巴胺的大量分泌有關聯性[158]，而血清素則和創意有關聯性[159]。

互有關聯的五大性格特質

某些研究表明：「五大性格特質」中的五種類型，並非完全獨立於彼此而存在（即便它們在一開始是被認定為相互獨立、毫無關聯的）。

例如，一個外向的人也傾向於開放、坦率。這導致一種被人們稱為「可塑性」（Plasticity）的現象。它的意涵是：一個更傾向於探究、機靈，且易於適應新情境、質疑社會既定常規的人會找尋具有刺激性的經驗，且更傾向於體驗正面情緒。換句話說，這個人比較開朗、樂觀、好奇。

情緒的穩定性、友善與謹慎度也是互有關聯的。換言之，這一點指涉到某個似乎較能處理壓力及負面情緒的人。一方面，他／她的個性溫和、在人際關係中展現友善；但同時也很謹慎，控制自己的衝動。這個群集被命名為「穩定性」（Stability）。

那些仔細探究這兩項定義較廣泛類型的研究人員，相當精明地將「五大性格特質」改稱為「兩大性格特質」（The Big Two）。

學者格列高里．費斯特（Gregory Feist）宣稱，那些具備「高度」可塑性的人，通常會比具備「高度」穩定性的人更有創意[160]。同時，「對經驗開放程度」的特質和「創意」的關聯性也最為強烈[161]。

總而言之，個性開放的人也更有創意。考量到個性開放的人擁有較為強烈的好奇心、想像力、智力、思緒與行為較靈活，而且重視新的體驗，這並不特別使人感到訝異。此外，個性外向者的自信心與對刺激事物的探索和創意之間呈現出正相關。幾項雙生子研究

（Twin Studies）亦顯示，「外向行為」與「開放」等特質，可以被連結到企業家的生涯。

外向行為與當事人能否取得領袖角色之間的關聯性，是最為強烈的。做為一項特質，「謹慎」連結到辛勤工作與富有組織性，但也與取得領袖角色與否有關。「對經驗的開放程度」也是一項能夠被連結到領導力的特質。

很有趣的一點是，「友善」或許並非讓我們拚死搏鬥以求登峰造極的特質，但假如一個友善的人成為領導者，這項特質將會使他／她成為優秀的領導者。

謝辭

本書的寫作過程，花費了可觀的時間。我經歷許多個片刻的沉思與反省，也和我的親朋好友們有過許多次精彩的對話。當論及這三項動機時，我帶著高度的興趣聽取了源自於真實人生中的故事。我在晚宴上、派對上、職場上，或者與鄰居聊起這些故事——這些故事涉及人際間的動能、衝突，以及發生在日常生活中的各種大小事情。

我想要感謝我的母親西雅・卡雅雷恩（Seija Karjalainen），我充滿智慧的夥伴，她目前在斯德哥爾摩大學攻讀語言學碩士。我的工作三不五時必須前往外地，幸虧有她，我才能執行自己的任務。她的家其實就是孩子們的第二個家——她們喜歡待在那裡，而母親總是準備好親手製作、烘烤的肉桂捲和手工藝品（在這一點上，孩子們正追隨著她的道路），在那裡守候著。她已經準備好要指導孩子們寫作業，並且協助她們舉辦慶生派對。

此外，我也要感謝妹妹瑪麗安娜・雅赫拉，她有著最深刻的見解與最引人入勝的想法。我的孩子們將她稱為「全世界最——棒的阿姨」，她能對各種無奇不有的問題提出答案，或者分享她的經驗。她在日常工作中，也挽救了許多人的生活。

我也要向全家人的好幫手——我的父親馬諾・雅赫拉（Mauno Ahola）、外公麥提・卡雅雷恩（Martti Karjalainen）與外婆愛諾（遺憾的是，她已經不在人世）致謝。他們總是守護且同心協力地照料我和瑪麗安娜，以及我們（兩人）的五個小孩。對我倆來說，外公和外婆始終是我們的第二父母。

如果沒有執行大量研究與考察，是無法寫成這類型書籍的。假如我把所有讀過的書籍和科學類文章堆疊在這份手稿前方，那可會是厚厚的一整落文件。我在此願向斯德哥爾摩大學心理系教授歐克・赫爾斯壯（Åke Hellström）致上感謝之意，他是我的摯友，協助我將各種想法整理出頭緒，辨識出有價值的文獻與原始資料。

同時，我也想要感謝 Roos & Tegnér 出版社的全體同仁與我的編輯、封面設計師、攝影師，在本書的寫作與編輯期間，我們的團隊合作堪稱完美。與您們合作，對我而言真是莫大的喜悅。

最後，我想要感謝我的孩子們：愛麗西亞・雅赫拉與安東妮雅・雅赫拉。你們是「我人生中的陽光」。在此也向我的朋友、家庭、親戚、鄰居（也就是住在韓瑞克谷環路七十三號的這群人）、我的女兒們所就讀學校的各位老師、各位家長（父親與母親）們、救護車協會下班後酒聚的團隊成員們、客戶們，以及所有具有善心與美好靈魂的人們道謝。當生命搖曳不定、當我想要出門跳舞、需要一只擅於傾聽的耳朵，或當我有意願擔任傾聽者時，你們總是會守候在我身邊。

人生的旅程，極少是一帆風順的。但能夠有你們相伴而行，是一件多麼美好的事情。

謝謝。

註釋

1 Fujii, T.、Schug, J.、Nishina, K.、Takahashi, T.、Okada, H. 與 Takagishi, H.（二〇一六年）。〈唾液中催產素濃度與學齡前兒童慷慨程度之間的關聯性〉（Relationship between Salivary Oxytocin Levels and Generosity in Preschoolers）。《科學報告》（*Scientific Reports*），第六冊；Barrazaa, J. A.，McCulloughb, M. E.，Ahmadic, S. 與 Zak, P. J.（二〇一一年）。〈無論金錢資源的多寡，催產素的挹注將增加慈善捐款〉（Oxytocin infusion increases charitable donations regardless of monetary resources）。《激素與行為》（*Hormones and Behavior*）第六十期第二卷，頁 148 – 151。

2 Cheever, N. A.、Rosen, L. D.、Carrier, L. M. 與 Chavez, A.（二〇一四年）。〈眼不見並非心不煩：限制無線行動通訊裝置使用對低度、中度與重度使用者焦慮程度所造成的影響〉（Out of sight is not out of mind: The impact of restricting wireless mobile device use on anxiety levels among low, moderate and high users）。《人類行為中的計算機》（*Computers in Human Behavior*）第三十七期，頁 290 – 297。

3 de Waal, F.（一九九八年修訂本）。《猩球攻略：黑猩猩政治學》（*Chimpanzee politics: Power and sex among apes*）。美國（馬里蘭州巴爾的摩市）約翰．霍普金斯大學出版中心出版，繁體中文版由開學文化出版（二〇一九年）。

4 Sapolsky, R.（二〇一七年）。《行為：暴力、競爭、利他，人類行為背後的生物學》（*Behave: The biology of humans at our best and worst*）。企鵝出版集團出版，繁體中文版由八旗文化出版（二〇一九年）。

5 Thorndike, E. L.（一九二七年）。〈效果律〉（The Law of Effect）。《美國心理學期刊》（*The American Journal of Psychology*）第三十九期，頁 212 – 222；Thorndike, E. L.（一九三三年）。〈效果律的證據〉（A proof of the law of effect）。《科學》（*Science*）第七十七期，頁 173 – 175；Thorndike, E. L.（一八九八年）。〈動物的智能：關於動

物身上相連處理的實驗性研究〉（Animal intelligence: An experimental study of the associative processes in animals）。《普通與應用心理學專論》（*Psychological Monographs: General and Applied*）第二期第四卷，頁 i – 109。

6 Reiss, S.（二〇〇四年）。〈內部動機的多樣本質：十六種關於原始渴望的理論〉（Multifaceted nature of intrinsic motivation: The theory of 16 basic desires）。《普通心理學評論》（*Review of General Psychology*）第八期第三卷，頁 179 – 193。

7 Feist, G. J.（二〇一九年）。〈創意與兩大性格模型：可塑性與穩定性〉（Creativity and the Big Two model of personality: plasticity and stability）。《行為科學的當前觀點》（*Current Opinion in Behavioral Sciences*）第二十七期，頁 31 – 35。

8 Cobb-Clark, D. A. 與 Schurer, S.（二〇一二年）。〈五大性格特質中的穩定性〉（The stability of big-five personality traits）。《經濟通訊》（*Economics Letters*）第一一五期第一卷，頁 11 – 15。

9 O'Brien, T. B. 與 DeLongis, A.（一九九六年）。〈集中於問題、情緒與關係處理的互動脈絡：五大性格特質因子的角色〉（The interactional context of problem-, emotion-, and relationship-focused coping: The role of the Big Five personality factors）。《性格研究期刊》（*Journal of Personality*）第六十四卷第四期。

10 Polderman, T. J. C.、Benyamin, B.、de Leeuw, C. A.、Sullivan, P. F.、van Bochoven, A.、Visscher, P. M. 與 Posthuma, D.（二〇一五年）。〈以五十年雙生子研究為依據，針對人性特質遺傳性的後設分析〉（Meta-analysis of the heritability of human traits based on fifty years of twin studies）。《自然遺傳學》（*Nature Genetics*）第四十七期，頁 702 – 709。

11 Shane, S.、Nicolaou, N.、Cherkas, L. 與 Spector, T. D.（二〇一〇年）。〈遺傳基因、五大性格特質與成為自由業者的傾向〉（Genetics, the Big Five, and the tendency to be self-employed）。《應用心理學期刊》（*Journal of Applied Psychology*）第九十五期第六卷，頁 1154 – 1162。

12 Roberts, B. W.、Kuncel, N. R.、Shiner, R.、Caspi, A. 與 Goldberg, L. R.（二〇〇七年）。〈性格的力量：以個性、社經地位與認知能力預測人生重要結局的相對效度〉（The power of personality: The comparative validity of personality traits, socioeconomic status, and cognitive ability for predicting important life outcomes）。《心理科學觀點期刊》（*Perspectives*

on Psychological Science）第二卷第四期，頁 313 – 345。

13 Gottman, J. M.（一九九四年）。《預測離婚因子？婚姻過程與婚姻結果之間的關係》（*What predicts divorce? The relationship between marital processes and marital outcomes*，暫譯）。愛布倫（Erlbaum）出版。

14 Bolger, N. 與 Zuckerman, A.（一九九五年）。〈針對在壓力進程中研究個性的框架〉（A framework for studying personality in the stress process）。《性格研究與社會心理學期刊》（*Journal of Personality and Social Psychology*）第六十九期，頁 890 – 902；Suls, J. 與 Martin, R.（二〇〇五年）。〈普通神經過敏者的日常生活：反應度、壓力來源接觸、情緒爆發與適應不良的處理方式〉（The daily life of the garden-variety neurotic: Reactivity, stressor exposure, mood spillover, and maladaptive coping）。《性格研究期刊》（*Journal of Personality*）第七十三期，頁 1485 - 1509。

15 Gottman, J. M.、Coan, J.、Carrere, S. 與 Swanson, C.（一九九八年）。〈從新婚夫妻的互動中預測婚姻快樂程度與穩定性〉（Predicting marital happiness and stability from newlywed interactions）。《婚姻與家庭期刊》（*Journal of Marriage and Family*）第六十期，頁 5 – 22。

16 Jensen-Campbell, L. A. 與 Graziano, W. G.（二〇〇一年）。〈將宜人性視為人際衝突的調節器〉（Agreeableness as a moderator of interpersonal conflict）。《性格研究期刊》（*Journal of Personality*）第六十九期，頁 323 – 361。

17 Kinnunen, U. 與 Pulkkinen, L.（二〇〇三年）。〈將孩童時期人際情感特徵視為婚姻品質與穩定程度的先決條件〉（Childhood socio-emotional characteristics as antecedents of marital stability and quality）。《歐洲心理學家季刊》（*European Psychologist*）第八期，頁 223 – 237；Roberts, B. W. 與 Bogg, T.（二〇〇四年）。〈針對與責任心有關之特質、家庭結構與影響健康之健康行為因素之間關聯性的三十年縱向研究〉（A 30-year longitudinal study of the relationships between conscientiousness-related traits, and the family structure and health-behavior factors that affect health）。《性格研究期刊》（*Journal of Personality*）第七十二期，頁 325 – 354。

18 Karney, B. R. 與 Bradbury, T. N.（一九九五年）。〈婚姻品質與穩定程度的縱向歷程：理論、方法與研究回顧〉（The longitudinal course of marital quality and stability: A review of theory, methods, and research）。《心理學公報》（*Psychological Bulletin*）第一一八期，頁 3 – 34；Kelly, E. L. 與 Conley, J. J.（一九八七年）。〈性格與相容性：針

對婚姻穩定程度與婚姻滿意度的預期分析〉（Personality and compatibility: A prospective analysis of marital stability and marital satisfaction）。《性格研究與社會心理學期刊》（*Journal of Personality and Social Psychology*）第五十二期，頁 27 – 40；Tucker, J. S.、Kressin, N. R.、Spiro, A. 與 Ruscio, J.（一九九八年）。〈內心特質與離婚的時間點：預期性調查〉（Intrapersonal characteristics and the timing of divorce: A prospective investigation）。《社會與人際關係雜誌》（*Journal of Social and Personal Relationships*）第十五期，頁 211 – 225。

19 Roberts, B. W.、Caspi, A. 與 Moffitt, T.（二〇〇三年）。〈青壯年時期的工作經驗與性格成長〉（Work experiences and personality development in young adulthood）。《性格研究與社會心理學期刊》（*Journal of Personality and Social Psychology*）第八十四期，頁 582 – 593；Berkman, L. F.、Glass, T.、Brissette, I. 與 Seeman, T. E.（二〇〇〇年）。〈從社會融合到健康〉（From social integration to health）。《社會科學與醫學》（*Social Science & Medicine*）第五十一期，頁 843 – 857；Bolger, N. 與 Zuckerman, A.（一九九五年）。〈針對在壓力進程中研究個性的框架〉（A framework for studying personality in the stress process）。《性格研究與社會心理學期刊》（*Journal of Personality and Social Psychology*）第六十九期，頁 890 – 902；Suls, J. 與 Martin, R.（二〇〇五年）。〈普通神經過敏者的日常生活：反應度、壓力來源接觸、情緒爆發與適應不良的處理方式〉（The daily life of the garden-variety neurotic: Reactivity, stressor exposure, mood spillover, and maladaptive coping）。《性格研究期刊》（*Journal of Personality*）第七十三期，頁 1485 – 1509。

20 Kokko, K.、Bergman, L. R. 與 Pulkkinen, L.（二〇〇三年）。〈兒童性格特質與芬蘭及瑞典縱向實例中長期失業的淘選機制〉（Child personality characteristics and selection into long-term unemployment in Finnish and Swedish longitudinal samples）。《國際行為發展雜誌》（*International Journal of Behavioral Development*）第二十七期，頁 134 – 144；Kokko, K. 與 Pulkkinen, L.（二〇〇〇年）。〈兒童時期的攻擊性與成年期之長期失業：適應不良的循環與特定防護因子〉（Aggression in childhood and long-term unemployment in adulthood: A cycle of maladoption and some protective factors）。《發展心理學》（*Developmental Psychology*）第三十六期，頁 463 – 472；Bogg, T. 與 Roberts, B. W.（二〇〇四年）。〈責任心與健康行為：針對主要致死行為因素的後設分析〉（Conscientiousness and health behaviors: A meta-analysis of the leading behavioral contributors to mortality）。《心理學公報》（*Psychological Bulletin*）第一三〇期，頁 887 – 919。

21 Ashby, F. G.、Isen, A. M. 與 Turken, A. U.（一九九九年）。〈關於正面情感及其對認知影響力的神經心理學理論〉（A neuropsychological theory of positive affect and its influence on cognition）。《心理學評論》（*Psychological Review*）第一〇六期，頁 529 – 550。

22 Hogan, J. 與 Holland, B.（二〇〇三年）。〈使用理論評估性格與工作表現之間的關係：社會解析觀點〉（Using theory to evaluate personality and job-performance relations: A socioanalytic perspective）。《應用心理學雜誌》（*Journal of Applied Psychology*）第八十八期，頁 100 – 112。

23 Berkman, L. F.、Glass, T.、Brissette, I. 與 Seeman, T. E.（二〇〇〇年）。〈從社會融合到健康〉（From social integration to health）。《社會科學與醫學》（*Social Science & Medicine*）第五十一期，頁 843 – 857；Bogg, T. 與 Roberts, B. W.（二〇〇四年）。〈責任心與健康行為：針對主要致死行為因素的後設分析〉（Conscientiousness and health behaviors: A meta-analysis of the leading behavioral contributors to mortality）。《心理學公報》（*Psychological Bulletin*）第一三〇期，頁 887 – 919；Roberts, B. W. 與 Robins, R. W.（二〇〇〇年）。〈廣泛的傾向，廣泛的志向：五大性格特質範疇與重大人生目標的交會點〉（Broad dispositions, broad aspirations: The intersection of the Big Five dimensions and major life goals）。《個性與社會心理學通報》（*Personality and Social Psychology Bulletin*）第二十六期，頁 1284 – 1296；Roberts, B. W.、Walton, K. 與 Viechtbauer, W.（二〇〇六年）。〈人生歷程中人格特質平均變化型態：針對縱向研究的後設分析〉（Patterns of mean-level change in personality traits across the life course: A meta-analysis of longitudinal studies）。《心理學公報》（*Psychological Bulletin*）第一三二期，頁 1 – 25。

24 Roberts, B. W. 與 Robins, R. W.（二〇〇〇年）。〈廣泛的傾向，廣泛的志向：五大性格特質範疇與重大人生目標的交會點〉（Broad dispositions, broad aspirations: The intersection of the Big Five dimensions and major life goals）。《個性與社會心理學通報》（*Personality and Social Psychology Bulletin*）第二十六期，頁 1284 – 1296；Gottman, J. M.、Coan, J.、Carrere, S. 與 Swanson, C.（一九九八年）。〈從新婚夫妻的互動中預測婚姻快樂程度與穩定性〉（Predicting marital happiness and stability from newlywed interactions）。《婚姻與家庭期刊》（*Journal of Marriage and Family*）第六十期，頁 5 – 22；Jensen-Campbell, L. A. 與 Graziano, W. G.（二〇〇一年）。〈將宜人性視為人際衝突的調節器〉

（Agreeableness as a moderator of interpersonal conflict）。《性格研究期刊》（*Journal of Personality*）第六十九期，頁323 – 361；Kinnunen, U. 與 Pulkkinen, L.（二〇〇三年）。〈將孩童時期人際情感特徵視為婚姻品質與穩定程度的先決條件〉（Childhood socio-emotional characteristics as antecedents of marital stability and quality）。《歐洲心理學家季刊》（*European Psychologist*）第八期，頁 223 – 237；Roberts, B. W. 與 Bogg, T.（二〇〇四年）。〈針對與責任心有關之特質、家庭結構與影響健康之健康行為因素之間關聯性的三十年縱向研究〉（A 30-year longitudinal study of the relationships between conscientiousness-related traits, and the family structure and health-behavior factors that affect health）。《性格研究期刊》（*Journal of Personality*）第七十二期，頁 325 – 354；Roberts, B. W.、Kuncel, N. R.、Shiner, R.、Caspi, A. 與 Goldberg, L. R.（二〇〇七年）。〈性格的力量：以個性、社經地位與認知能力預測人生重要結局的相對效度〉（The power of personality: The comparative validity of personality traits, socioeconomic status, and cognitive ability for predicting important life outcomes）。《心理科學觀點期刊》（*Perspectives on Psychological Science*）第二卷第四期，頁313 – 345。

25 Roberts, B. W.、Walton, K. 與 Viechtbauer, W.（二〇〇六年）。〈人生歷程中人格特質平均變化型態：針對縱向研究的後設分析〉（Patterns of mean-level change in personality traits across the life course: A meta-analysis of longitudinal studies）。《心理學公報》（*Psychological Bulletin*）第一三二期，頁 1 – 25。

26 King, J. E. 與 Figueredo, A. J.（一九九七年）。〈黑猩猩性格中的五大因子模式與支配力〉（The five-factor model plus dominance in chimpanzee personality）。《個性研究雜誌》（*Journal of Research in Personality*）第三十一期，頁 257 – 271。

27 Hare, B.、Wobber, V. 與 Wrangham, R.（二〇一二年）。〈自動馴化假說：倭黑猩猩心理學的演化導因於對抗侵略性的淘選〉（The self-domestication hypothesis: evolution of bonobo psychology is due to selection against aggression）。《動物行為學》（*Animal Behaviour*）第八十三期第三卷，頁 573 – 585。

28 Emily, P.、Berger, J. 與 Moluki, S.（二〇〇七年）。〈在羊群之中獨處：對遵從度與其內省假象根源的非對稱性感知〉（Alone in a crowd of sheep: Asymmetric perceptions of conformity and their roots in an introspection illusion）。《性格研究與社會心理學期刊》（*Journal of Personality and Social Psychology*）第九十二期，頁 585 – 595。

29 Baumeister, R. F. 與 Leary, M. R.（一九九五年）。〈對歸屬感的需求：做為人類原始動機、對人際間情感的渴望〉（The need to belong: desire for interpersonal attachments as a fundamental human motivation）。《心理學公報》（*Psychological Bulletin*）第一一七期第三卷，頁 497 – 529。

30 Bennett, J.（二〇一四年）。〈泡泡不可承受之重：由小型對話泡泡所造成的簡訊收發焦慮〉（Bubbles carry a lot of weight: Texting anxiety caused by little bubbles）。《紐約時報》（*NewYork Times*）。

31 Berger, J.（二〇一六年）。《何時要從眾？何時又該特立獨行？：華頓商學院教你運用看不見的影響力，拿捏從眾的最佳時機，做最好的決定》（*Invisible influence: The hidden forces that shape behavior*）。西蒙與舒斯特（Simon & Schuster）出版，繁體中文版由時報出版（二〇一八年）。

32 Moreland, R. L. 與 Zajonc, R.（一九八二年）。〈人類感知中的曝光效應：熟悉度、相似度與吸引力〉（Exposure effects in person perception: familiarity, similarity, and attraction）。《實驗社會心理學期刊》（*Journal of Experimental Social Psychology*）第十八期，頁 395 – 415。

33 Moscovici, S. 與 Zavalloni, M.（一九六九年）。〈群體對態度的極化作用〉（The group as a polarizer of attitudes）。《性格研究與社會心理學期刊》（*Journal of Personality and Social Psychology*）第十二期第二卷，頁 125 – 135；Asch, S. E.（一九五五年）。〈意見與社會壓力〉（Opinions and social pressure）。《科學美國人》（*Scientific American*）第一九三期第五卷，頁 31 – 35。

34 Little, A. C.、Burt, M. 與 Perrett, D.（二〇〇六年）。〈針對受感知面部特徵的選型交配〉（Assortative mating for perceived facial traits）。《個性與個體差異》（*Personality and Individual Differences*）第四十期，頁 973 – 984。

35 Sinner, M.（一九七一年）。〈新生兒對其他嬰兒哭聲的反應〉（Newborns response to the cry of another infant）。《發展心理學》（*Developmental Psychology*）第五期，頁 136 – 150；鏡像神經元論壇（Mirror Neuron Forum），二〇一一年。《社會科學觀點》（*Perspectives on Social Science*）第六期，頁 369 – 407。

36 Maddux, W. W.、Mulle, E. 與 Galinsky, A.（二〇〇八年）。〈善變者能取得較大的成就：行為的策略性模仿促進談判成果〉（Chameleons bake bigger pieces: Strategic behavioral mimicry facilitates negotiation outcomes）。《實驗社會心理學

期刊》（*Journal of Experimental Social Psychology*）第四十四期，頁 461 – 468。

37 同註31。

38 Finkel, E. J.、Eastwick, P. W. 與 Matthews, J.（二〇〇七年）。〈快速約會是研究浪漫吸引力的寶貴工具：方法論初階〉（Speed-dating as an invaluable tool for studying romantic attraction: A methodological primer）。《人際關係》（*Personal Relationships*）第十四期，頁 149 – 166；Ireland, M. E.、Slatcher, R. B.、Eastwick, P. W.、Scissors, L. E.、Finkel, E. J. 與 Pennebaker, J. W.（二〇一一年）。〈語言風格的相配能預測情感關係的開創與穩定性〉（Language Style Matching Predicts Relationship Initiation and Stability）。《心理科學》（*Psychological Science*）第二十二期第一卷，頁 39 – 44。Gonzales, A. L.、Hancock, J. T. 與 Pennebaker, J. W.（二〇一〇年）。〈將語言風格相配程度用於預測小團體中的社交動能〉（Language style matching as a predictor of social dynamics in small groups）。《傳播學研究》（*Communications Research*）第三十一期，頁 3 – 19；Lakin, J. L.、Chartrand, T. L. 與 Arkin, R. M.（二〇〇八年）。〈我也和你一樣：無意識的模仿，是對社交排擠的自動行為反應〉（I am too just like you: Nonconscious mimicry as an automatic behavioral response to social exclusion）。《心理科學》（*Psychological Science*）第十九期，頁 816 – 822。

39 Asch, S. E.（一九五一年）。〈群體壓力對判斷修正與扭曲所造成的影響〉（Effects of group pressure on the modification and distortion of judgement），刊登於：H. Guetzkow 編輯：《團體、領導才能與男性》（*Groups, leadership and men*，暫譯），頁 177 – 190，卡內基出版社（Carnegie Press）出版。Asch, S. E.（一九五二年）。《社會心理學》（*Social psychology*，暫譯）。新澤西州恩格爾伍德崖（Englewood Cliffs）：普林帝斯霍爾（Prentice Hall）出版；Asch, S. E.（一九五五年）。〈意見與社會壓力〉（Opinions and social pressure）。《科學美國人》（*Scientific American*）第一九三期第五卷，頁 31 – 35；Asch, S. E.（一九五六年）。〈關於獨立與從眾的研究：由一人構成的少數面對意見一致的多數〉（Studies of independence and conformity. A minority of one against a unanimous majority）。《心理學專論》（*Psychological Monographs*）第七十期第九卷，頁 1 – 70。

40 Cialdini, R. B. 與 Goldstein, N. J.（二〇〇四年）。〈社會影響：順從與從眾〉（Social influence: Compliance and confirmity）。《心理學年度評論》（*Annual Review of Psychology*）第五十五期，頁 591 – 621；McLeod, S.（二〇一六年）。〈何謂從眾？〉（What is Conformity?）。《簡明心理學》（*Simply Psychology*）；Heejung, K. 與 Markus, H.

（一九九九年）。〈異常或獨特，和諧或從眾？一項文化分析〉（Deviance or uniqueness, Harmony or conformity? A cultural analysis）。《性格研究與社會心理學期刊》（*Journal of Personality and Social Psychology*）第七十七期，頁 785 – 800。

41 Salganik, M. J. 、Dodds, P. S. 與 Watts, D. J.（二〇〇六年）。〈人造文化市場上針對不平等與不可預測性的實驗性質研究〉（Experimental study of inequality and unpredictability in an artificial cultural market）。《科學》（*Science*）第三一一卷第五七六二期，頁 854 – 856。

42 Stephens, N. 、Marcus, H. 與 Townsend, S.（二〇〇七年）。〈將選擇視為具有意義的行為：社會階級個案〉（Choice as an act of meaning: The case of social class）。《性格研究與社會心理學期刊》（*Journal of Personality and Social Psychology*）第九十三期，頁 814 – 830。

43 Berger J. 、Bradlow, E. 、Braunstein, A. 與 Zhang Yao（二〇一二年）。〈從卡倫到凱蒂：以嬰兒名字來研究文化演進〉（From Karen to Katie: Using baby names to study cultural evolution）。《心理科學》（*Psychological Science*）第二十三期，頁 1067 – 1073。

44 Verosly, S. 與 Todorov, A.（二〇一〇年）。〈針對關於感知上相似面孔情感學習的歸納〉（Generalization of affective learning about faces to perceptually similar faces）。《心理科學》（*Psychological Science*）第二十一期，頁 779 – 785；Bertrand, M. 與 Mullainathian, S.（二〇〇四年）。〈愛蜜麗和葛雷格是否比拉奇夏與賈邁更適合聘任？關於勞動力市場歧視的田野實驗〉（Are Emily and Greg more employable than Lakisha and Jamal? A field experiment on labor market discrimination）。《美國經濟評論》（*American Economic Review*）第九十四期，頁 991 – 1013。

45 Hirschmann, E.（一九八〇年）。〈創新、對新事物的探尋與消費者創意〉（Innovativeness, novelty seeking and consumer creativity）。《消費者研究期刊》（*Journal of Consumer Research*）第七期，頁 283 – 295；Aron, A. 、Norman, C. 、Aron, E. 、McKenna, C. 與 Heyman, R.（二〇〇〇年）。〈配偶對新奇、使人興奮活動的共同參與及其體驗的關係品質〉（Couples' shared participation in novel and arousing activities and experienced relationship quality）。《性格研究與社會心理學期刊》（*Journal of Personality and Social Psychology*）第七十八期，頁 273 – 284；Buchanan, K. E. 與 Bardi, A.（二〇一〇年）。〈善良與新穎的行為對生活滿意度的影響〉（Acts of kindness and acts of novelty affect life satisfaction）。《社

會心理學期刊》（*Journal of Social Psychology*）第一五〇期，頁 235 – 237。

46 O'Leary, K. D. 、Acevedo, B. P. 、Aron, A. 、Huddy, L. 與 Mashek, D.（二〇一一年）。〈長期的愛是否不僅僅為罕見的現象？若為如此，其關聯性何在？〉(Is long-term love more than a rare phenomenon? If so, what are its correlates?）。《社會心理與性格科學》（*Social Psychological and Personality Science*）。

47 Hazel, M.（一九七八年）。〈在場觀看對社會助長所產生的效應：一場不唐突的測試〉（The effect of mere presence on social facilitation: An unobtrusive test）。《實驗社會心理學期刊》（*Journal of Experimental Social Psychology*）第十四期，頁 389–397。

48 Corbett. J、Barwood M. J、Ouzounoglou, A、Thelwell, R. & Dicks, M.（二〇一二年）。〈競賽中的自行車運動行為〉《運動與醫學期刊》（*Medicine & Science in Sports & Exercise*）第四十四期第三卷，頁 509 – 515。

49 Bruce, R.（一九四一年）。〈針對影響白老鼠表現社交因素的實驗性分析：記取簡易現場情境的績效〉（An experimental analysis of social factors affecting the performance of white rats. Performance in learning a simple field situation）。《比較心理學期刊》（*Journal of Comparative Psychology*）第三十一期，頁 363 – 377；Simmel, E.（一九六二年）。〈探究老鼠行為的社會助長〉（Social facilitation of exploring behavior in rats）。《比較與生理心理學期刊》（*Journal of Comparative and Physiological Psychology*）第五期，頁 831 – 833；Stamm, J.（一九六一年）。〈猿猴身上的社會助長現象〉（Social facilitation in monkeys）。《心理學報告》（*Psychological Reports*）第八期，頁 479 – 484。

50 Berger, J. 與 Pope, D.（二〇一一年）。〈失敗是否能導致勝利？〉（Can losing lead to winning?）。《管理科學》（*Management Science*）第五十七期，頁 817 – 827。

51 Fershtman, C. 與 Gneezy, U.（二〇一一年）。〈高強度競賽中表現與棄賽行為之間的平衡關係〉（The trade off between performance and quitting in high-power tournaments）。《歐洲經濟學會期刊》（*Journal of the European Economic Association*）第九期，頁 318 – 336。

52 Rogers, T. 與 Moore, D.（二〇一四年）。〈缺乏信心的刺激力量：比賽相當接近，但我們正在失敗〉（The motivating power of under-confidence: The race is close but we're losing）。約翰・F・甘迺迪政府學院研究手稿，編號

RWP14-047。

53 Diener, E. 與 Biswas-Diener, R.（二〇一六年）。《快樂》（*Happiness*，暫譯）。布雷克維爾（Blackwell）出版集團出版。

54 Berscheid, E. 與 Regan, P. C.（二〇〇五年）。《人際關係心理學》（*The psychology of interpersonal relationships*）。普林帝斯霍爾（Prentice Hall）出版；Thaler, R. H. 與 Sunstein, C. R.（二〇〇九年）。《推力：決定你的健康、財富與快樂》（*Nudge: Improving decisions about health, wealth, and hapiness*，暫譯）。企鵝圖書（Penguin Books）出版。

55 https://www.scientificamerican.com/article/how-happiness-boosts-the-immune-system/ ；https://www.psychologytoday.com/us/blog/the-happiness-doctor/201706/happiness-and-your-immune-system

56 Danner, D. D.、Snowdon, D. A. 與 Friesen, W. V.（二〇〇一年）。〈人生早期的正面情緒與長壽：源自於修女研究的發現〉（Positive emotions in early life and longevity: findings from the nun study）。《性格研究與社會心理學期刊》（*Journal of Personality and Social Psychology*）第八十期第五卷，頁 804 – 813。

57 Wheeler, L. 與 Nezlek, J.（一九七七年）。〈社會參與的性別差異〉（Sex differences in social participation）。《性格研究與社會心理學期刊》（*Journal of Personality and Social Psychology*）第三十五期第十卷，頁 742 – 754。

58 Krossa, E.、Bermana, M. G.、Mischel, W.、Smith, E. E. 與 Wagerd, T. D.（二〇一〇年）。〈社交拒絕與生理痛苦共同的體覺表徵〉（Social rejection shares somatosensory representations with physical pain）。《美國國家科學院院刊》（*Proceedings of the National Academy of Sciences of the United States of America*）第一〇八期第十五卷。

59 Myers, D. G.（一九九二年）。《當幸福來敲門：快樂的人與快樂的原因》（*The pursuit of happiness: Who is happy – and why?*，暫譯）。威廉莫洛（W. Morrow）出版。

60 Coyne, J. C. 與 DeLongis, A.（一九八六年）。〈脫離社會支持：社會關係在適應作用中扮演的角色〉（Going beyond social support: The role of social relationships in adaptation）。《諮詢與臨床心理學雜誌》（*Journal of Consulting and Clinical Psychology*）第五十四期第四卷，頁 454 – 446。

61 Vinokur, A. D. 與 van Ryn, M.（一九九三年）。〈社會支持與對親密關係的侵蝕：其針對失業人士心理健康的獨立影響〉（Social support and undermining in close relationships: Their independent effects on the mental health of unemployed persons）。《性格研究與社會心理學期刊》（*Journal of Personality and Social Psychology*）第六十五期第二卷，頁350–359。

62 Blackburn, E. 與 Epel, E.（二〇一八年）。《端粒效應：諾貝爾獎得主破解老化之祕，傳授真正有效的逆齡養生術》（*The Telomere Effect: A Revolutionary Approach to Living Younger, Healthier, Longer*）。獵戶星出版集團（Orion Spring）出版，繁體中文版由天下文化出版（二〇二〇年）。

63 Gottman, J. M. 與 Schwartz-Gottman, J.（二〇一七年）。〈愛情的自然法則〉（The natural principles of love）。《家庭理論與評論期刊》（*Journal of Family Theory and Review*）；Gottman, J. M. 與 Driver, J. L.（二〇〇五年）。〈失衡的婚姻衝突與日常婚姻互動〉（Dysfunctional marital conflict and everyday marital interaction）。《離婚與再婚期刊》（*Journal of Divorce & Remarriage*）第四十三期第三—四卷，頁63–78。

64 Lieberman, M. D.（二〇一三年）。《社交天性：人類行為的起點——為什麼大腦天生愛社交？》（*Social – Why our brains are wired to connect.*）。皇冠出版社（Crown Publishers）出版，繁體中文版由大牌出版（二〇一九年）。

65 同註64。

66 Zak, P.（二〇一二年）。《道德分子：愛與事業興旺的泉源》（*The Moral Molecule: The Source of Love and Prosperity*，暫譯）。杜敦（Dutton）出版社出版。

67 Gilbert, D. T.、Fiske, S. T. 與 Lindzey, G.（一九九八年）。《社會心理學手冊》（*The handbook of social psychology*，暫譯）。牛津大學出版中心。

68 Zak, P. J.（二〇一二年）。《道德分子——信任如何運作》（*The Moral Molecule – How trust works*，暫譯）。企鵝出版集團（Penguin Group）出版。

69 Daughters, K.、Manstead, A. S. R.、Hubble, K.、Rees, A.、Thapar, A. 與 van Goozen, S. H. M.（二〇一五年）。〈男性接受鼻內催產素攝入後唾液中的催產素濃度：雙盲、交叉型試驗〉（Salivary oxytocin concentrations in males following

intranasal administration of oxytocin: A double-blind, cross-over study）。《公共科學圖書館：綜合》（*PLOS ONE*）。

70 Huffmeijer, R.、Alink, L. R.、Tops, M.、Grewen, K. M.、Light K. C.、Bakermans-Kranenburg, M. J. 與 Ijzendoorn, M. H.（二〇一二年）。〈唾液內催產素濃度在鼻內服用催產素超過兩小時後仍保持在高點〉（Salivary levels of oxytocin remain elevated for more than two hours after intranasal oxytocin administration）。《神經內分泌學報》（*Neuro Endocrinology Letters*）第三十三期第一卷，頁 21 – 25。

71 Zak, P. J.（二〇一二年）。《道德分子——信任如何運作》（*The Moral Molecule – How trust works*，暫譯）。企鵝出版集團（Penguin Group）出版。

72 Emily, P.、Berger, J. 與 Moluki, S.（二〇〇七年）。〈在羊群之中獨處：對遵從度與其內省假象根源的非對稱性感知〉（Alone in a crowd of sheep: Asymmetric perceptions of conformity and their roots in an introspection illusion）。《性格研究與社會心理學期刊》（*Journal of Personality and Social Psychology*）第九十二期，頁 585 – 595。

73 Reis, H. T.、Wheeler, L.、Kernis, M. H.、Spiegel, N. 與 Nezlek, J.（一九八五年）。〈關於社會參與對生理與心理健康影響的特異性〉（On specificity in the impact of social participation on physical and psychological health）。《性格研究與社會心理學期刊》（*Journal of Personality and Social Psychology*）第四十八期第二卷，頁 456 – 471。

74 Francey, D. 與 Bergmuller, R.（二〇一二年）。〈雙眼的意象強化對現實生活中公眾利益的投資〉（Images of eyes enhance investments in real-life public good）。《公共科學圖書館：綜合》（*Public Library of Science ONE*）第七期，e37397；Bateson, M.、Nettle, D. 與 Roberts, G.（二〇〇六年）。〈受觀察的暗示強化在真實世界環境下的合作〉（Cues of being watched enhance cooperation in a real-world setting）。《生物學報》（*Biology Letters*）第二期第三卷，頁 412。

75 Graziano-Breuning, L.（二〇一一年）。《哺乳動物：如何與具動物性、對人際間權力的渴望和平共處》（*I, Mammal: How to make peace with the animal urge for social power*）。內哺乳動物研究機構（Inner Mammal Institute）。

76 Taylor, P. A. 與 Norval, D. G.（一九七六年）。〈教育的實用性與女性藉由婚姻取得地位的吸引力〉（The utility of education and attractiveness for females' status attainment through marriage）。《美國社會學評論》（*American Sociological*

Review）第四十一期第三卷，頁 484－498。

77 Ekeh, P. P.（一九七四年）。《社會交換理論：兩項傳統》（*Social exchange theory: the two traditions*，暫譯）。海涅曼教育（Heinemann Educational）出版；Murstein, B. I.、Cerreto, M. 與 Mac Donald, M. G.（一九七七年）。〈交流取向對婚姻及友誼影響的理論研究〉（A theory and investigation of the effect of exchange-orientation on marriage and friendship）第三十九期第三卷，頁 543－548。

78 Sapolsky, R. M.（一九九七年）。《睪固酮素導致的困擾與其他關於人類困境背後生物學機制的論文》（*The trouble with testosterone: and other essays on the biology of the human predicament*）。西蒙與舒斯特（Simon & Schuster）出版。

79 De Botton, A.（二〇〇四年）。《身分的焦慮》（*Status Anxiety*，暫譯）。沃爾斯壯・維德斯坦（Wahlström & Widstrand）出版。

80 M. Karafin 等（二〇〇四年）。〈伴隨下視丘前額葉皮質損壞的支配力屬性〉（Dominance attributions following damage to the ventromedial prefrontal cortex）。《認知神經科學雜誌》（*Journal of Cognitive Neuroscience*）第十六期，頁 1796；A. A. Marsh 等（二〇〇九年）。〈支配與臣服：腹外側前額葉皮質與對地位暗示的反應〉（Dominance and submission: The ventrolateral prefrontal cortex and responses to status cues）。《認知神經科學雜誌》（*Journal of Cognitive Neuroscience*）第二十一期，頁 173。

81 Gilbert, D. T.《快樂為什麼不幸福？》（*Stumbling On Happiness*）。A・A・出版，繁體中文版由時報出版（二〇〇六年）。

82 G. Sherman 等（二〇一二年）。〈領導職務與較低壓力之間的關聯性〉（Leadership is associated with lower level of stress）。《美國國家科學院院刊》（*Proceedings of the National Academy of Sciences of the United States of America*）第一〇九期，頁 17903；Sapolsky, P.（二〇一二年）。〈控制感的重要性與領導權的生理學優勢〉（Importance of a sense of control and physiological benefits of leadership）。《美國國家科學院院刊》（*Proceedings of the National Academy of Sciences of the United States of America*）第一〇九期，頁 17730。

83 M. Karafin 等（二〇〇四年）。〈伴隨下視丘前額葉皮質損壞的支配力屬性〉（Dominance attributions following

damage to the ventromedial prefrontal cortex）。《認知神經科學雜誌》（*Journal of Cognitive Neuroscience*）第十六期，頁1247；Farrow, T.（二〇一一年）。〈提高或降低？受感知的非核心階級機能解剖學〉（Higher or lower? The functional anatomy of perceived allo centric hierarchies）。《神經圖像》（*Neuroimage*）第五十七期，頁1552；C. F. Zink等（二〇〇八年）。〈瞭解你的位置：人體神經對社會階級資訊的處理〉（Know your place: Neural processing of social hierarchy in humans）。《神經元》（*Neuron*）第五十八期，頁273。

84 J. Chiao等（二〇〇九年）。〈偏好人類社會階級或平等主義的神經學基礎〉（Neural basis of preference for human social hierarchy versus egalitarianism）。《紐約科學院年鑑》（*Annual N Y Academic Sciences*）第一一六七卷，頁174；J. Sidanius等（二〇一二年）。〈你低人一等，不值得我們關注：同理心與社交支配傾向之間的介面〉（You're inferior and not worth our concern: The interface between empathy and social dominance orientation）。《性格研究期刊》（*Journal of Personality*）第八十一期，頁313。

85 Card, D. 與 Dahl, G.（二〇一一年）。〈家庭暴力與足球：突發情緒信號對暴力行為的作用〉（Family violence and football: The effect of the unexpected emotional cues on violent behavior）。《經濟學季刊》（*Quarterly Journal of Economics*）第一二六期，頁103。

86 Montoya, E. R.、Terburg, D、Bos, P. A. 與 van Honk, J.（二〇一二年）。〈做為社會侵略性關鍵調節因子的睪固酮素、皮質醇與血清素：探討與理論視角〉（Testosterone, cortisol, and serotonin as key regulators of social aggression: A review and theoretical perspective）。《動機與情緒期刊》（*Motivation and Emotion*）第三十六期第一卷，頁65–73。

87 Henry, P. J.（二〇〇九年）。〈低地位代償作用：瞭解地位在榮譽文化中所扮演角色的理論〉（Low-status compensation: A theory for understanding the role of status in cultures of honor）。《性格研究與社會心理學期刊》（*Journal of Personality and Social Psychology*）第九十七期第三卷，頁451–466。

88 Rohles Jr., F. H. 與 Wilson, L. M.（一九七四年）。〈飢餓做為侵略行為中的催化劑〉（Hunger as a Catalyst in Aggression）。《行為》（*Behaviour*）第四十八期第一／二卷，頁123–130。

89 Reay, J. L.、Kennedy, D. O. 與 Scholey, A. B.（二〇〇六年）。〈在持久性的「耗腦力」工作中搭配與不搭配葡萄糖服用高麗蔘對血糖濃度與認知表現的影響〉（Effects of Panax ginseng, consumed with and without glucose, on blood

glucose levels and cognitive performance during sustained 'mentally demanding' tasks）。《精神藥理學雜誌》（*Journal of Psychopharmacology*）第二十期第六卷，頁771 – 781；Scholey, A. B. 、Harper, S. 與 Kennedy, D. O.（二〇〇一年）。〈認知需求與血糖〉（Cognitive demand and blood glucose）。《生理學與行為》（*Physiology and Behavior*）第七十三期第四卷，頁 585 – 592。

90 Gazzaniga, M. S.（二〇一九年）。《意念的直覺：揭露大腦如何成為心靈之謎》（*The consciousness instinct: unraveling the mystery of how the brain makes the mind*，暫譯）。法勞．斯特勞斯．吉羅（Farrar, Straus and Giroux）出版。

91 Kahneman, D. 與 Deaton, A.（二〇一〇年）。〈高收入改善對生活的評價，但無助提升情感健康〉（High income improves evaluation of life but not emotional well-being）。《美國國家科學院院刊》（*Proceedings of the National Academy of Sciences of the United States of America*）。

92 Ahuvia, A.（二〇〇八年）。〈如果金錢不會使我們快樂，我們何以表現出它能帶給我們快樂的樣子？〉（If money doesn't make us happy, why do we act as if it does?）。《經濟心理學》（*Journal of Economic Psychology*）第二十九期第四卷，頁 491 – 507。

93 Keltner, D.（二〇〇九年）。《生而卓越：有意義人生背後的訣竅》（*Born to be good: The science of a meaningful life*，暫譯）。W．W．諾頓公司出版。

94 Oveis, C. 、Horberg, E. J. 與 Keltner, D.（二〇一〇年）。〈憐憫心、驕傲與對自我與他者之間相似性的社交直覺〉（Compassion, pride, and social intuitions of self-other similarity ）。《性格研究與社會心理學期刊》（*Journal of Personality and Social Psychology*）第九十八期第四卷，頁 618 - 630。

95 Hamermesh, D. S. 與 Biddle, J. E.（一九九四年）。〈美貌與勞動力市場〉（Beauty and the labor market）。《美國經濟評論》（*The American Economic Review*）第八十四期第五卷，頁 1174 – 1194；Rhodes, G.（二〇〇六年）。〈美貌的演化心理學〉（The evolutionary psychology of facial beauty）。《心理學年度評論》（*Annual Review of Psychology*）第五十七期，頁 199 – 226；Dipboye, R. L. 、Fromkin, H. L. 與 Wilback, K.（一九七五年）。〈求職者履歷中學歷地位與申請人性別吸引力之相對重要性〉（Relative importance of applicant sex attractiveness and scholastic standing in

job applicant resumés）。《應用心理學雜誌》（*Journal of Applied Psychology*）第六十期第三卷，頁30–43；Curran, J. P. 與 Lippold, S.（一九七五年）。〈生理吸引力與態度相似程度對約會配對吸引力所產生的影響〉（The effects of physical attraction and attitude similarity on attraction in dating dyads）。《性格研究期刊》（*Journal of Personality*）第四十三期第三卷，頁528–539；Cash, T. F. 與 Smith, E.（一九八二年）。〈美國大專生之間的生理吸引力及性格〉（Physical attractiveness and personality among american college students）。《跨領域及應用心理學期刊》（*The Journal of Psychology: Interdisciplinary and Applied*）第一一一期第二卷；Pfann, G. A.、Biddle, J. E.、Hamermesh, D. S. 與 Bosman, C. M.（二〇〇〇年）。〈企業成就與企業的美貌資本〉（Business and businesses' beauty capital）。《經濟通訊》（*Economics Letters*）第六十七期第二卷，頁201–207；Garcia, S.、Stinson, L.、Ickes, W.、Bisonette, V. 與 Briggs, S. R.（一九九一年）。〈性別混合約會配對中的害羞與生理吸引力〉（Shyness and physical attractiveness in mixed-sex dyads）。《性格研究與社會心理學期刊》（*Journal of Personality and Social Psychology*）第六十一期第一卷，頁33–49；Feingold, A.（一九九二年）。〈貌美的人和我們所想的不一樣〉（Good-looking people are not what we think）。《心理學公報》（*Psychological Bulletin*）第一一一期第二卷，頁304–341；Raza, S. M. 與 Carpenter, B. N.（一九八七年）。〈真實職業面試中的聘僱決策模型〉（A model of hiring decisions in real employment interviews）。《應用心理學雜誌》（*Journal of Applied Psychology*）第七十二期第四卷，頁596–603；Langlois, J. H. 與 Roggman, L. A.（一九九〇年）。〈誘人的外貌僅是平均值：家庭、消費者與人類的發展〉（Attractive faces are only average. Family, consumers and human development）。《教職員出版品》（*Faculty Publications*）第一期第二卷，頁115–121；Dion, K.、Berscheid, E. 與 Walster, E.（一九七二年）。〈美貌就是好〉（What is beautiful is good）。《性格研究格與社會心理學期刊》（*Journal of Personality and Social Psychology*）第二十四期第三卷，頁285–290；Cherulnik, P. D.（一九八九年）。〈生理吸引力與被判定適合擔任領導者〉（Physical attractiveness and judged suitability for leadership）。美國中西部心理學協會年會（第六十一屆年會，一九八九年五月四日至六日於伊利諾州芝加哥舉行）；Rhodes, G.（二〇〇六年）。〈美貌的演化心理學〉（The evolutionary psychology of facial beauty）。《心理學年度評論》（*Annual Review of Psychology*）第五十七期，頁199–226；Mathes, E. W. 與 Kahn, A.（一九七五年）。〈生理吸引力、快樂、神經過敏症與自尊〉（Physical attractiveness, happiness, neuroticism, and self-esteem）。《跨領域及應用心理學期刊》（*The Journal of Psychology: Interdisciplinary and Applied*）第九十期第一卷；Steffensmeier, D. J. 與 Terry, R. M.（一九七三年）。〈異常行為與體面程度：針對店鋪扒竊反應的觀察型研究〉（Deviance and respectability: An observational study of reactions to shoplifting）。《社會力量》（*Social Forces*）第五十一期第四卷，頁 417 – 426。

96 A. Todorov 等（二〇〇五年）。〈根據臉孔推論能力並預測選舉結果〉（Inferences of competence from faces predict election outcomes）。《科學》（*Science*）第三〇八期第五七二八卷，頁 1623 – 1626。

97 Wright, N. D.、Bahrami, B.、Johnson, E.、Di Malta, G.、Rees, G.、Frith, C. D. 與 Dolan, R. J.（二〇一一年）。〈睪固酮素藉由增加自私的選擇，擾亂人與人之間的合作〉（Testosterone disrupts human collaboration by increasing egocentric choices）。《皇家學會報告 B 系列》（*Proceedings of Royal Society B*），頁 2275；Mehta, P. 與 Beer, J.（二〇一〇年）。〈睪固酮素與侵略行為之間關聯性的神經機制：眶額皮質的角色〉（Neural mechanisms of the testosterone-aggression relation: The role of orbifrontal cortex）。《認知神經科學雜誌》（*Journal of Cognitive Neuroscience*）第二十二期，頁 2357。

98 Waller, W.（一九三七年）。〈地位與地位情結〉（The rating and rating complex）。《美國社會學評論》（*American Sociological Review*）第二期第五卷，頁 727 – 734；Waller, W. 與 Hill, R.（一九五一年）。《家庭：動態的解讀》（*The family: A dynamic interpretation*，暫譯）。德呂登（Dryden）出版。

99 Emerson, R. M.（一九六二年）。〈權力依賴關係〉（Power-dependence relations）。《美國社會學評論》（*American Sociological Review*）第二十七期第一卷，頁 31 – 41；McDonald, G. W.（一九八一年）。〈結構交換與婚姻互動〉（Structural exchange and marital interaction）。《婚姻與家庭期刊》（*Journal of Marriage and Family*）第四十三期第四卷，頁 825 – 839。

100 Munsch, C. L.（二〇一五年）。〈她的支持與他的支持：金錢、男子氣概與婚姻不忠〉（Her support, his Support: money, masculinity, and marital infidelity）。《美國社會學評論》（*American Sociological Review*）第八十期第三卷，頁 469 – 495。

101 Munsch, C. L.（二〇一五年）。〈她的支持與他的支持：金錢、男子氣概與婚姻不忠〉（Her support, his Support: money, masculinity, and marital infidelity）。《美國社會學評論》（*American Sociological Review*）第八十期第三卷，頁 469 – 495。

102 Scrock, D. 與 Schwalbe, M.（二〇〇九年）。〈男人、男子氣概與男性成年期行為〉（Men, masculinity, and manhood acts）。《社會學年度評論》（*Annual Review of Sociology*）第三十五期第一卷，頁 277 – 295。

103 Adams, J. S.（一九六五年）。〈社會交換中的不公平〉（Inequity in social exchange）。收錄於：L. Berkowitz（編輯）。《實驗社會心理學研究進展》（*Advances in experimental social psychology*，暫譯） 第二冊，頁267 – 299。學術出版社（Academic Press）出版。

104 Pierce, L.、Dahl, M. S. 與 Nielsen, J.（二〇一三年）。〈處於疾病與富裕之中：在婚姻中比較收入的性與心理學代價〉（In sickness and in wealth: Psychological and sexual costs of income comparison in marriage）。《個性與社會心理學通報》（*Personality and Social Psychology Bulletin*）第三十九期第三卷，頁 359 – 374；Tichenor, V.（二〇〇五年）。〈保持男性的宰制力：在她的收入增加時針對身分與權力進行談判〉（Maintaining mens dominance: Negotiating identity and power when she earns more）。《性別角色》（*Sex Roles*）第五十三期第三—四卷，頁 191 – 205；Bittman, M.、England, P.、Sayer, L.、Folbre, N. 與 Matheson, G.（二〇〇三年）。〈性別何時能贏過金錢？家務中的協議與時間〉（When does gender trump money? Bargaining and time in household work）。《美國社會學期刊》（*American Journal of Sociology*）第一〇九期第一卷，頁 186 – 214。

105 Gerson, K.（二〇一〇年）。《未完成的革命：新世代如何改造美國的家庭、工作與性別》（*The unfinished revolution: How a new generation is reshaping family, work and gender in America*，暫譯）。牛津大學出版中心（Oxford University Press）。

106 Livio, M.（二〇一七年）。《好奇心：從達文西、費曼等天才身上尋找好奇心的運作機制，其實你我都擁有無限潛能》（*Why?*）。西蒙與舒斯特（Simon & Schuster）出版，繁體中文版由馬可孛羅文化出版（二〇一八年）。

107 Berlyne, D. E.（一九六〇年）。《麥格羅．希爾心理學系列叢書：衝突、覺醒與好奇心》（*McGraw-Hill series in psychology. Conflict, arousal, and curiosity*）。麥格羅．希爾（McGraw-Hill）圖書公司。

108 Gazzaley, A. 與 Rosen, L. D.（二〇一六年）。《紛擾心靈：高科技世界中的古老大腦》（*The distracted mind: ancient brains in a high-tech world*，暫譯）。麻省理工學院出版中心出版；Alter, A. L.（二〇一七年）。《欲罷不能：科技如

何讓我們上癮？滑個不停的手指是否還有藥醫！》（*Irresistible: The rise of addictive technology and the business of keeping us hooked*）。企鵝出版集團出版，繁體中文版由天下文化出版（二〇一七年）。

109 Hansen, A.（二〇一九年）。《螢幕之腦》（*Skärmhjärnan*，暫譯）。邦尼圖書（Bonnier Fakta）出版。

110 Gazzaley, A. 與 Rosen, L. D.（二〇一六年）。《紛擾心靈：高科技世界中的古老大腦紛擾》（*The distracted mind: ancient brains in a high-tech world*，暫譯）。麻省理工學院出版中心出版。

111 Davis, D.（二〇一五年）。《切斷連線：關於手機輻射線的真相、業界為隱藏真相所做的努力、以及如何保護你的家人》（*Disconnect: The truth about cell phone radiation, what the industry has done to hide it, and how to protect your family*，暫譯）。杜敦成人圖書（Dutton Adult）出版。

112 Anderson, S.（二〇〇九年五月十七日）。〈抵禦分心：推特、阿德拉興奮劑、生活數據化駭客、正念跑步、選擇性瀏覽、奧巴馬的黑莓機、以及過度刺激的好處〉（In defense of distraction: Twitter, adderall, lifehacking, mindful jogging, powerbrowsing, Obama's Blackberry, and the benefits of overstimulation）。《紐約》雜誌（*New York Magazine*）。

113 CBS新聞（二〇一一年一月二十日）。〈邊走邊傳簡訊的女子墜入噴水池內〉（Texting while walking, woman falls into fountain）。https://www.cbsnews.com/news/texting-while-walking-woman-falls-intofountain/

114 Mirsky, S.（二〇一三年十一月十九日）。〈邊走邊使用智慧型手機，奇蠢無比〉（Smartphone use while walking is painfully dumb）。《科學美國人》（*Scientific American*）第三〇九期第六卷。

115 Basch, C. H.、Ethan, D.、Rajan, S. 與 Basch, E.（二〇一四年三月二十五日）。〈曼哈頓最危險十字路口上與科技有關、分神的步態行為〉（Technology-related distracted walking behaviors in Manhattan's most dangerous intersections）。《損傷預防》（*Injury Prevention*）雙月刊。

116 Thompson, L. L.、Rivara, F. P.、Ayyagari, R. C. 與 Ebel, B. E.（二〇一三年）。〈社交與科技因素分心對行人穿越馬路行為造成的影響：觀察型研究〉（Impact of social and technological distraction on pedestrian crossing behavior: An observational study）。《損傷預防》（*Injury Prevention*）第十九期第四卷，頁 232 - 237。

117 同註116。

118 Schwebel, D. C.、Stavrinos, D.、Byington, K. W.、Davis, T.、O'Neal, E. E. 與 de Jong, D.（二〇一二年）。〈分心與行人安全：講電話、發簡訊、以及聽音樂對過街行為所造成的影響〉（Distraction and pedestrian safety: How talking on the phone, texting, and listening to music impact crossing the street）。《事故分析與預防》（*Accident Analysis & Prevention*）第四十五期，頁 266 – 271。

119 Parr, N. D.、Hass, C. J. 與 Tillman M. D.（二〇一四年）。〈以手機發簡訊的行為損害身體健康的年輕人的行走步態〉（Cellular phone texting impairs gait in able-bodied young adults）。《應用生物力學期刊》（*Journal of Applied Biomechanics*）第三十期第六卷，頁 685 – 688。

120 Schwebel, D. C.、Stavrinos, D.、Byington, K. W.、Davis, T.、O'Neal, E. E. 與 de Jong, D.（二〇一二年）。〈分心與行人安全：講電話、發簡訊、以及聽音樂對過街行為所造成的影響〉（Distraction and pedestrian safety: How talking on the phone, texting, and listening to music impact crossing the street）。《事故分析與預防》（*Accident Analysis & Prevention*）第四十五期，頁 266 – 271。

121 Stavrinos, D.、Byington, K. W. 與 Schwebel, D. C.（二〇〇九年）。〈手機分心對兒童行人受傷風險所造成的影響〉（Effect of cell phone distraction on pediatric pedestrian injury risk）。《育兒》（*Pediatrics*）第一二三期第二卷，頁 e179 – e185；Chaddock, L.、Neider, M. B.、Lutz, A.、Hillman, C. H. 與 Kramer, A. F.（二〇一二年）。〈孩提時期有氧運動健身操在順利過街行為中所扮演的角色〉（Role of childhood aerobic fitness in successful street crossing）。《體育及運動醫學科學》（*Medicine and Science in Sports and Exercise*）第四十四期，頁 749 – 753；Colcombe, S. J.、Kramer, A. F.、Erikson, K. I.、Scalf, P.、McAuley, E.、Cohen, N. J. 等（二〇〇四年）。〈心血管健康程度、皮層可塑性與老化〉（Cardiovascular fitness, cortical plasticity, and aging）。《美國國家科學院院刊》（*Proceedings of the National Academy of Sciences of the United States of America*）第一〇一期第九卷，頁 3316 – 3321；Gazzaley, A. 與 Rosen, L. D.（二〇一六年）。《紛擾心靈：高科技世界中的古老大腦》（*The distracted mind: ancient brains in a high-tech world*，暫譯）。麻省理工學院出版中心出版。

122 Strayer, D. L.、Drews, F. A. 與 Crouch D. J.（二〇〇六年）。〈比較使用手機的駕駛與酒駕者〉（A comparison of the

cell phone driver and the drunk driver）。《美國人因工程學會電子期刊》（*HFES*）第四十八期第二卷，頁 381－391。

123 Drews, F. A.、Pasupathi, M. 與 Strayer, D. L.（二〇〇八年）。〈模擬試駕中的乘客與手機對話〉（Passenger and cellphone conversations in simulated driving）。《實驗與應用心理學期刊》（*Journal of Experimental Psychology: Applied*）第十四期第四卷，頁 392。

124 同註 110。

125 Lemola, S.、Perkinson-Gloor, S.、Brand, S.、Dewald-Kaufmann, J. F. 與 Grob, A.（二〇一四年）。〈青少年夜間使用電子媒體、睡眠擾亂與智慧型手機時代的抑鬱症狀〉（Adolecents electronic media use at night, sleep disturbance, and depressive symptoms in the smartphoneage）。《青年與青春期雜誌》（*Journal of Youth and Adolescence*）第四十四期第二卷，頁 405－418；Hale, L. 與 Guan, S.（二〇一五年）。〈學齡孩童與青少年的螢幕時間與睡眠：系統化文獻探討〉（Screen time and sleep among school-aged children and adolecents: A systematic literature review）。《睡眠醫學評論》（*Sleep Medicine Reviews*）第二十一期，頁 50－58。

126 Gradisar, M.、Wolfson, A. R.、Harvey, A. G.、Hale, L.、Rosenberg, R. 與 Czeisler, C. A.（二〇一三年）。〈美國人的睡眠與科技裝置使用：美國國家睡眠基金會二〇一一年全國睡眠調查顯示的結果〉（The sleep and technology use of Americans: Findings from the national sleep foundation's 2011 sleep in America poll）。《臨床睡眠醫學雜誌》（*Journal of Clinical Sleep Medicine*）第九期第十二卷，頁 1291－1299；Bartel, K. A.、Gradisar, M. 與 Williamson, P.（二〇一五年）。〈青少年睡眠的防護與風險因子：後設分析探討〉（Protective and risk factors for adolescent sleep: A meta-analytic review）。《睡眠醫學評論》（*Sleep Medicine Reviews*）第二十一期，頁 72－85。

127 美國國家睡眠基金會（二〇一四年）。〈全國睡眠調查：現代家庭的睡眠情形〉（Sleep in America Poll: Sleep in the modern family）。研究結果總結：《哈佛醫學院家庭健康指南：償還你的睡眠債》（*Harvard Medical School Family Health Guide*）（二〇一六年）。

128 常識媒體（Common Sense Media），二〇一三年十一月一日。〈孩童與青少年的娛樂傳媒使用習慣恐將影響其學習〉（Entertainment media diets of children and adolescents may impact learning）；Purcell, K.、Rainie, L.、Heaps, A.、

Buchanan, J.、Friedrich, L.、Jacklin, A.、Chen, C. 與 Zickuhr, K.（二〇一二年十一月一日）。〈青少年如何在數位世界進行研究〉（How teens do research in the digital world）。皮尤網路與美國生活專案（Pew internet & American life project）。

129 Rosen, L.、Carrier, L. M.、Miller, A.、Rokkum, J. 與 Ruiz, A.（二〇一六年）。〈與科技共眠：認知與情感、以及將科技使用視為大學生睡眠障礙的預測因子〉（Sleeping with technology: Cognitive, affective, and technology use predictors of sleep problems among college students）。《睡眠健康》（*Sleep Health*）第二期第一卷，頁 49 – 56。

130 Chang, A-M.、Aeschbach, D.、Duffy, J. F. 與 Czeisler, C. A.（二〇一五年）。〈晚間使用發光的電子書閱讀器對睡眠、日週期定時、以及隔日早上清醒程度構成負面影響〉（Evening use of light-emitting eReaders negatively affects sleep, circadian timing, and next-morning alertness）。《美國國家科學院院刊》（*Proceedings of the National Academy of Sciences of the United States of America*）第一一二期第四卷，頁 1232 – 1237。

131 Lanaj, K.、Johnson, R. E. 與 Barnes, C. M.（二〇一四年）。〈才剛開始上班日就已經精疲力竭？深夜使用智慧型手機的後果與睡眠〉（Beginning the workday yet already depleted? Consequences of late-night smartphone use and sleep）。《組織行為和人類決策過程》（*Organizational Behavior and Human Decision Processes*）第一二四期第一卷，頁 11 – 23。

132 Gazzaley, A. 與 Rosen, L. D.（二〇一六年）。《紛擾心靈：高科技世界中的古老大腦》（*The distracted mind: ancient brains in a high-tech world*，暫譯）。麻省理工學院出版中心出版；Yeykelis, L.、Cummings, J. J. 與 Reeves, B.（二〇一四年）。〈單一裝置的多工處理：激勵與針對電腦上媒體內容變換的頻率、期待及預測〉（Multitasking on a single device: Arousal and the frequency, anticipation, and prediction of switching between media content on a computer）。《傳播期刊》（*Journal of Communication*）第六十四期，頁 167 – 192。

133 Cheever, N. A.、Rosen, L. M.、Carrier, L. M. 與 Chavez, N. A.（二〇一四年）。〈眼不見並非心不煩：限制無線行動通訊裝置使用對低度、中度與重度使用者焦慮程度所造成的影響〉（Out of sight is not out of mind: The impact of restricting wireless mobile device use on anxiety levels among low, moderate and high users）。《人類行為中的計算機》（*Computers in Human Behavior*）第三十七期，頁 290 – 297。

134 Greenfield, D. N.（二〇〇〇年）。〈網路成癮的本質：強迫性網路行為當中的心理因素〉（The Nature of internet addiction: psychological factors in compulsive internet behavior）。《電子商務與心理學期刊》（*Journal of eCommerce and Psychology*）第一期第二號；Greenfield, D. N.（一九九九年）。〈強迫性網路使用的心理學特徵：初步分析〉（Psychological characteristics of compulsive internet use: a preliminary analysis）。《網路心理學與行為》（*CyberPsychology and Behavior*）第八期第五號；Greenfield, D. N.（二〇一〇年）。〈導致網路使用易於成癮的因素〉（What Makes Internet Use Addictive?）。摘錄自：K. Young 與 Abreu, C. N.《網路成癮：評估與治療手冊》（*Internet Addiction: a handbook for evaluation and treatment*，暫譯）。威立（Wiley）出版社出版。(https://virtual-addiction.com/about-us/)

135 https://www.sciencemag.org/news/2014/07/people-would-rather-be-electrically-shocked-left-alone-their-thoughts

136 Gulyayeva, O.、Birk, S.、Pérez-Edgar, K.、Myruski, S.、Buss, K. A. 與 Dennis-Tiwary, T. A.（二〇一七年）。〈數位化干擾？母親對行動通訊裝置的使用與嬰幼兒的社會情緒機能運作有關〉（Digital disruption? Maternal mobile device use is related to infant social-emotional functioning）。《發展科學》（*Developmental Science*）。(https://time.com/14953/parents-who-use-smartphones-in-front-of-their-kids-are-crankier/)

137 Turkle, S.（二〇一七年）。《在一起孤獨：科技拉近了彼此距離，卻讓我們害怕親密交流？》（*Alone together: Why we expect more from technology and less from each other*）。基礎書籍出版社（Basic Books）出版，繁體中文版由時報出版（二〇一七年）。

138 Steiner-Adair, C.（二〇一三年）。《重要的斷線：在數位化時代保護童年與家庭關係》（*The big disconnect: Protecting childhood and family relationships in the digital age*，暫譯），初版。哈珀（Harper）出版。

139 https://www.apa.org/action/careers/understanding-world/sherry-turkle

140 Uhls, Y. T.、Michikyan, M.、Morris, J.、Garcia, D.、Smalle, G. W.、Zgourou, E. 與 Greenfield, P. M.（二〇一四年）。〈不受螢幕干擾的五日戶外教育營隊提升十三歲以下孩童非語言式情感提示的技能〉（Five days at outdoor education camp without screens improve preteen skills with nonverbal emotion cues）。《人類行為中的計算機》（*Computers in Human*

Behavior）第三十九期，頁 387 – 392。

141 Misra, S.、Cheng, L.、Genevie, J. 與 Yuan, M.（二〇一四年）。〈iPhone 效應：有行動通訊裝置存在前提下的親身社交互動品質〉（The iPhone Effect: The quality of in-person social interactions in the presence of mobile devices）。《環境和行為》（*Environment and Behavior*），頁 1 – 24。

142 Alosaimi, F. D.、Alyahya, H.、Alshahwan, H.、Al Mahyijari, N. 與 Shaik, S. A.（二〇一六年）。〈沙烏地阿拉伯利雅德大學生對智慧型手機成癮的情形〉（Smartphone addiction among university students in Riyadh, Saudi Arabia）。《沙烏地醫學期刊》（*Saudi Medical Journal*）第三十七期第六卷，頁 675 – 683；Ward, A. F.、Duke, K. D.、Gneezy, A. 與 Bos, M. W.（二〇一七年）。〈腦力耗竭：智慧型手機的存在將減少可運用的認知能力〉（Brain Drain: The mere presence of one's own smartphone reduces available cognitive capacity）。《消費者行為研究》（*Journal of the Association for Consumer Research*）第二期第二卷，頁 140 – 154。

143 Ward, A. F.、Duke, K. D.、Gneezy, A. 與 Bos, M. W.（二〇一七年）。〈腦力的耗竭：你自己的智慧型手機會減低你可用的認知能力〉（Brain Drain: The mere presence of one's own smartphone reduces available cognitive capacity）。《消費者行為研究》（*Journal of the Association for Consumer Research*）第二期第二卷，頁 140 – 154。

144 Fried, C. B.（二〇〇八年）。〈在課堂上使用筆記型電腦，以及其對學生學習所造成的影響〉（In-class laptop use and its effects on student learning）。《電腦與教育》（*Computers & Education*）第五十期，頁 906 – 914；Bailey, B. A. 與 Konstan, J. A.（二〇〇六年）。〈關於對覺察注意系統的需求：測量擾亂對工作績效、錯誤率與情感狀態的影響〉（On the need for attention-aware systems: measuring effects of interruption on task performance, error rate, and affective state）。《人類行為中的計算機》（*Computers in Human Behavior*）第二十二期，頁 685 – 708；Kuznekoff, J. H. 與 Titsworth, S.（二〇一三年）。〈手機使用對學生學習所造成的影響〉（The impact of mobile phone usage on student learning）。《傳播教育》（*Communication Education*）第六十二期第三卷，頁 233 – 252；Richard E. Mayer 與 Moreno, R.（二〇〇三年）。〈減少多媒體學習時認知能力負荷量的九種方法〉（Nine ways to reduce cognitive load in multimedia learning）。《教育心理學家》（*Educational Psychologist*）第三十八期第一卷，頁 43 – 52。

145 Adamczyk, P. D. 與 Bailey, B. P.（二〇〇四年）。〈如非現在，更待何時？干擾在任務執行過程不同時間點上所造成的影響〉（If not now, when? The effects of interruption at different moments within task execution）。《計算系統人類因素會議二〇〇四年會議公報》（*Proceedings of CHI'04*），頁 271 – 278；Czerwinski, M.、Horvitz, E. 與 Wilhite, S.（二〇〇四年）。〈針對工作任務變換與干擾的日誌研究〉（A diary study of task switching and interruptions）。《計算系統人類因素會議二〇〇四年會議公報》（*Proceedings of CHI'04*），頁 175 – 182；Gillie, T. 與 Broadbent, D.（一九八九年）。〈哪些因素使得干擾如此具有破壞力？針對時間區段、相似度與複雜度的研究〉（What makes interruptions disruptive? A study of length, similarity and complexity）。《心理學研究》（*Psychological Research*）第五十期，頁 243 – 250。

146 Kelly, S. A.（二〇一二年七月十三日）。〈你是否害怕與手機分離？你和半數的人口一樣，可能得了無手機焦慮症〉（Are you afraid of mobile phone separation? You may have nomophobia like half the population）。mashable.com (http://mashable.com/2012/02/21/nomophobia/)；Cheever, N. A.、Rosen, L. D.、Carrier, L. M. 與 Chavez, A.（二〇一四年）。〈眼不見並非心不煩：限制無線行動通訊裝置使用對低度、中度與重度使用者焦慮程度所造成的影響〉（Out of sight is not out of mind: The impact of restricting wireless mobile device use on anxiety levels among low, moderate and high users）。《人類行為中的計算機》（*Computers in Human Behavior*）第三十七期，頁 290 – 297。https://www.telegraph.co.uk/technology/news/10267574/Nomophobia-affects-majority-of-UK.html

147 Mueller, P. A. 與 Oppenheimer, D. M.（二〇一四年）。〈筆的力量勝於鍵盤——手寫筆記相對於筆電筆記的優勢〉（The pen is mightier than the keyboard: advantages of longhand over laptop note taking）。《心理科學》（*Psychological Science*）。

148 Gazzaley, A. 與 Rosen, L. D.（二〇一六年）。《紛擾心靈：高科技世界中的古老大腦》（*The distracted mind: ancient brains in a high-tech world*，暫譯）。麻省理工學院出版中心出版。

149 Barbalet, J. M.（一九九九年）。〈無趣與社交的意義〉（Boredom and social meaning）。《英國社會學期刊》（*British Journal of Sociology*）第五十期第四卷，頁 631 – 646。

150 Fromm, E.（一九七三年）。《人類破壞性的剖析》（*The anatomy of human destructiveness*）。霍特．麥道格爾（Holt McDougal）出版。

151 Prot, S.、McDonald, K. A.、Anderson, C. A. 與 Gentile, D. A.（二〇一二年）。〈電子遊戲：是好是壞，還是有其他選項？〉（Video games: Good, bad, or other?）。《兒科臨床》（*Pediatric Clinics*）第五十九期第三卷，頁 647 – 658。

152 Josefsson, D. 與 Linge, E.（二〇〇八年）。《祕密：從驚鴻一瞥到長久關係》（*Hemligheten. Från ögonkast till varaktig relation*，暫譯）。自然與文化（Natur & Kultur）出版。

153 Berman, M. G.、Kross, E.、Krpan, K. M.、Askren, M. K.、Burson, P. J.、Deldin, P. J.、Kaplan, S.、Sherdell, L.、Gotlib, I. H. 與 Jonides, J.（二〇一二年）。〈與大自然互動能夠改善抑鬱患者的認知與情感〉（Interacting with nature improves cognition and affect for individuals with depression）。《情感障礙雜誌》（*Journal of Affective Disorders*）第一四〇期第三卷，頁 300 – 305；Taylor, A. F. 與 Kuo, F. E.（二〇〇九年）。〈專注力有缺陷的孩童在公園散步以後，較能聚精會神〉（Children with attention deficits concentrate better after walk in the park）。《情感障礙雜誌》（*Journal of Affective Disorders*）第十二期第五卷，頁 402 – 409。

154 Einhorn, S.（二〇一四年）。《新重罪》（*De nya dödssynderna*，暫譯）。論壇（Forum）出版社出版。

155 Mueller, C. M. 與Dweck, C. S.（一九九八年）。〈針對智能的稱讚可能會削弱孩童的動機與表現〉（Praise for intelligence can undermine children's motivation and performance）。《性格研究與社會心理學期刊》（*Journal of Personality and Social Psychology*）第七十五期第一卷，頁33 – 52。

156 Corr, P. J. 與 Matthews, G.（二〇〇九年）。《劍橋個性心理學手冊》（*The Cambridge handbook of personality psychology*，暫譯）初版。劍橋大學出版中心。

157 DeYoung, C. G.、Hirsh, J. B.、Shane, M. S.、Papademetris, X.、Rajeevan, N. 與Gray, J. R.（二〇一〇年）。〈個性神經科學的測試預測：大腦結構與五大性格特質〉（Testing predictions from personality neuroscience. Brain structure and the big five.）。《心理科學》（*Psychological Science*）第二十一期第六卷，頁820 – 828。DOI標示碼：10.1177/0956797610370159

158 De Young, C. G.、Peterson, J. B. 與 Higgins, D. M.（二〇〇五年）。〈坦誠與才智的泉源：性格當中第五項因素的認知與神經心理學關聯性〉（Sources of openness/intellect: cognitive and neuropsychological correlates of the fifth factor of

personality）。《性格研究期刊》（*Journal of Personality*）第七十三期，頁 825 – 858；DeYoung, C. G.、Hirsh, J. B.、Shane, M. S.、Papademetris, X.、Rajeevan, N. 與 Gray, J. R.（二〇一〇年）。〈個性神經科學的測試預測：大腦結構與五大性格特質〉（Testing predictions from personality neuroscience. Brain structure and the big five.）。《心理科學》（*Psychological Science*）第二十一期第六卷，頁 820 – 828。DOI 標示碼：10.1177/0956797610370159；Suhara, T.、Yasuno, F.、Sudo, Y.、Yamamoto, M.、Inoue, M.、Okubo, Y. 與 Suzuki, K.（二〇〇一年）。〈島葉皮質中的多巴胺受體 D2 與探索新奇事物的性格特質〉（Dopamine D2 receptors in the insular cortex and the personality trait of novelty seeking）。《神經圖像》（*Neuroimage*）第十三期，頁 891 – 895。

159 Reuter, M.、Roth, S.、Holve, K. 與 Henning, J.（二〇〇六年）。〈創意首選基因辨識：先導研究〉（Identification of first candidate genes for creativity: A pilot study）。《腦研究》（*Brain Research*）第一〇六九期第一卷，頁 190 – 197；Digman, J. M.（一九九七年）。〈五大性格特質當中的高順位因素〉（Higher order factors of the Big Five）。《性格研究與社會心理學期刊》（*Journal of Personality and Social Psychology*）第七十三期，頁 1246 – 1256；DeYoung, C. G.、Peterson, J. B. 與 Higgins, D. M.（二〇〇一年）。〈五大性格特質中的高順位因素預測一致性：關於健康的神經官能病是否存在？〉（Higher-order factors of the big five predict conformity: Are there neuroses of health?）。《個性與個體差異》（*Personality and Individual Differences*）第三十三期，頁 533 – 552。

160 DeYoung, C. G.（二〇〇六年）。〈多重訊息來源樣本中五大性格特質的高順位因素〉（Higher-order factors of the big five in a multi-informant sample）。《性格研究與社會心理學期刊》（*Journal of Personality and Social Psychology*）第九十一期，頁 1138 – 1151；Feist, G. J.（二〇一七年）。〈創意性格：當前的瞭解與辯論〉（The creative personality: Current understandings and debates）。摘錄自：J. A. Plucker（編輯）。《創意與革新：理論、研究與實作》（*Creativity and innovation: Theory, research, and practice*，暫譯），頁 181 – 198，普魯弗洛克出版社（Prufrock Press）出版；Feist, G. J.（一九九八年）。〈科學與藝術創意中針對性格的後設分析〉（A meta-analysis of personality in scientific and artistic creativity）。《個性與社會心理學評論》（*Personality and Social Psychological Review*）第二期，頁 290 – 309；Feist, G. J.（二〇一〇年）。〈性格在創造力當中的功效〉（Function of personality in creativity）。摘錄自：J. C. Kaufman 與 R. J. Sternberg（編輯）。《劍橋創意手冊》（*The Cambridge Handbook of Creativity*，暫譯），頁 113 – 130，劍橋大學出版中心出版。

161 Silvia, P. J.、Nusbaum, E. C.、Berg, C.、Martin, C. 與 O'Conner, A.（二〇〇九年）。〈經驗開放性、可塑性與創意：探索低順位、高順位與互動效應〉（Exploring lower-order, higher-order, and interactive effects）。《個性研究雜誌》（*Journal of Research in Personality*）第四十三期，頁 1087 – 1090；Karwowski, M. 與 Lebuda, I.（二〇一六年）。〈五大性格特質、兩大要素與具創造力的自我信念：後設分析〉（The big five, the huge two, and creative self-beliefs: A meta-analysis）。《美學、創造力和藝術心理學》（*Psychology of Aesthetics, Creativity, and the Arts*）第十期，頁 214 – 232；Puryear, J. S.、Kettler, T. 與 Rinn, A. N.（二〇一七年）。〈性格特質對獨特創意構思產生的關聯性：系統化的檢視〉（Relationships of personality to differential conceptions of creativity: A systematic review）。《美學、創造力和藝術心理學》（*Psychology of Aesthetics, Creativity, and the Arts*）第十一期，頁 59 – 68；Agnoli, S.、Franchin, L.、Rubaltelli, E. 與 Corazza, G. E.（二〇一五年）。〈對偏離度處理做為開放性與創意表現調節因素、引人注目的分析〉（An eye-tracking analysis of irrelevance processing as moderator of openness and creative performance）。《創意研究期刊》（*Creativity Research Journal*）第二十七期，頁 125 – 132；Chang, C. C.、Wang, J. H.、Liang, C. T. 與 Liang, C.（二〇一四年）。〈開放性與宜人性對設計系學生想像力所造成的曲線效應〉（Curvilinear effects of openness and agreeableness on the imaginative capability of student designers）。《社會認知與情感神經科學》（*Social Cognitive and Affective Neuroscience*）第十四期，頁 68 – 75；Chen, B-B（二〇一六年）。〈中國大學部學生的責任心與日常創造力〉（Conscientiousness and everyday creativity among Chinese undergraduate students）。《個性與個體差異》（*Personality and Individual Differences*）第一〇二期，頁 56 – 59；Ivcevic, Z. 與 Brackett, M. A.（二〇一五年）。〈預測創意：經驗開放性與情緒調節能力的互動效應〉（Predicting creativity: interactive effects of openness to experience and emotion regulation ability）。《美學、創造力和藝術心理學》（*Psychology of Aesthetics, Creativity, and the Arts*）第九期，頁 480 – 487；Kaufman, S. B.、Quilty, L. C.、Grazioplene, R. G.、Hirsh, J. B.、Gray, J. R.、Peterson, J. B. 與 Deyoung, C. G.（二〇一六年）。〈經驗開放性與才智獨立預測藝術與科學界的創意成就〉（Openness to experience and intellect differentially predict creative achievement in the arts and sciences）。《性格研究期刊》（*Journal of Personality*）第八十四期，頁 248 – 258；Kirsch, C.、Lubart, T. 與 Houssemand, C.（二〇一六年）。〈比較創意人物形象：建築師、社會科學家與全體人口〉（Comparing creative profiles: Architects, social scientists and the general population）。《個性與個體差異》（*Personality and Individual Differences*）第九十四期，頁 284 – 289；Puryear, J. S.、Kettler, T. 與 Rinn, A. N.（二〇一七年）。〈連結性格與創意：考慮我們權衡的因素與方式〉（Relating personality and creativity: considering what and how we measure）。《創造性行

為雜誌》（*Journal of Creative Behavior*），http://dx.doi.org/10.1002/jocb.174；Karwowski, M. 與 Lebuda, I.（二〇一六年）。〈五大性格特質、兩大要素與具創造力的自我信念：後設分析〉（The big five, the huge two, and creative self-beliefs: A meta-analysis）。《美學、創造力和藝術心理學》（*Psychology of Aesthetics, Creativity, and the Arts*）第十期，頁214－232；Kandler, C.、Riemann, R.、Spinath, F. M.、Borkenau, P. 與 Penke, L.（二〇一六年）。〈創造力的本質：遺傳因素、個人特質、認知能力與環境資源的角色〉（The nature of creativity: The roles of genetic factors, personality traits, cognitive abilities, and environmental resources）。《性格研究與社會心理學期刊》（*Journal of Personality and Social Psychology*）第一一一期，頁230－249；Tyagi, V.、Hanoch, Y.、Hall, S. D.、Runco, M. 與 Denham, S. L.（二〇一七年）。〈創造力蘊藏危機的一面：具創造力個人在特定針對性領域的冒險行為〉（The risky side of creativity: Domain specific risk taking in creative individuals）。《心理學前沿》（*Frontiers in Psychology*）第八期，頁1－9。

國家圖書館出版品預行編目（CIP）資料

為什麼我們這樣想，那樣做？：從動機、抉擇到改變，瑞典最受歡迎講師帶你邁向理想生活，擁抱快樂與平靜
安潔拉 . 雅赫拉（Angela Ahola）著；郭騰堅譯 . -- 新北市：遠足文化事業股份有限公司 / 潮浪文化，2021.06
320 面；14.8*21 公分　譯自：Dina dolda drivkrafter : hur tre psykologiska behov styr ditt liv
ISBN 978-986-99488-7-6（平裝）　1. 動機 2. 人際關係 3. 生活指導

176.85　　110005259

River
心靈河流 003

為什麼我們這樣想，那樣做？

從動機、抉擇到改變，瑞典最受歡迎講師帶你邁向理想生活，擁抱快樂與平靜

Dina dolda drivkrafter : hur tre psykologiska behov styr ditt liv

作者　安潔拉・雅赫拉（Angela Ahola）
譯者　郭騰堅
主編　楊雅惠
編輯協力　許喻理
校對　吳如惠、許喻理、楊雅惠
視覺構成　王瓊瑤

社長　郭重興
發行人兼出版總監　曾大福
出版發行　遠足文化事業股份有限公司　潮浪文化
電子信箱　wavesbooks2020@gmail.com
粉絲團　www.facebook.com/wavesbooks
地址　23141 新北市新店區民權路 108-2 號 9 樓
電話　02-22181417
傳真　02-22180727

法律顧問　華洋法律事務所　蘇文生律師
印刷　中原造像股份有限公司
出版日期　2021 年 6 月
定價　450 元